前言

穿越感,这与西安似乎是很相衬的。如果一个城市要应征旅人前来,也像人们找工作那样列出履历供老板们选择,西安的履历一打开,全世界旅人的下巴都能惊掉了!

是的,西安就是有这样的本事,当它还是丰镐时,已是被周天子相中的超级宝地,而后又让无数帝王不只生时建都、连死后都要在这块土地周边建地下王朝。比较特别的是,长安城不仅是政治、经济中心,也是文化中心,不管得不得志的骚人墨客,也都爱在此地悲春伤秋,留下让人掩卷叹息的诗文,果真"长安不见使人愁"!

我如今居住的小区距离大雁塔很近,小区所在的地势比周边都高出了不少,在唐朝这片高地叫作乐游原,登原远眺,京城尽收眼底。每逢三月三上巳节、九月九重阳节,那些《唐诗三百首》里名气吓死人的诗人们就相约登高宴饮,然后题诗作赋,留下了无数佳作传世。

可以说，西安城的每一个街区、每一块地砖下面，都能对应上无数历史中真实存在的人物和他们曾真实发生过的故事和传奇。如此历史兴盛的城市，古今中外恐怕绝无仅有了，想必能吸引许多考古控、历史控、文青控……前来一抒思古幽情。

前些年，西安地铁2号线建设过程中，发现并抢救性发掘了130多座古墓，这些古墓的时间跨度超过2 000年。陕西历史博物馆是中国第一座现代化博物馆，西安市临潼区的临潼博物馆是区县级地志性博物馆，小雁塔院里的西安博物院在国内博物馆中也是首屈一指。

作为世界四大古都之一的西安，历史遗迹、文物珍藏的确很丰富。不过今天，古建筑和墓冢已经不能完全代表西安，城垣依旧，雁塔高耸，食肆遍布，书院门里古色古香的书卷气与德福巷遍街的酒吧、咖啡厅碰撞出了一个与长安完全不同的西安来。

别忘了，西安还有美食，花样繁多的地方小吃总能出现在国内外各种评比和榜单中。在做这本书的过程中，我这个土生土长的老西安也跟着沾了点光，既意外发现了以前都不知晓的美味，又改变了我之前对某种小吃店的看法。

确切地说，西安是魔幻般混搭的城市，古老的和正统的、叛逆的和保守的、秦砖汉瓦和现代化的摩天大楼、革命时期的记忆和新时代的创意……都像宝石的不同切面在阳光下闪烁，反射出恒久的耀眼光芒。

就像都城隍庙著名牌匾上写的"你来了么"，西安确实值得来、值得读，希望本书有助于你发现西安更多不同的侧面。

遇见
西安，
这座城

遇见
西安,
这座城

目录
Contents

书院门历史文化街区
多彩老西安的汇聚之地

秦豫肉夹馍 / 16
书院门 / 18
西安碑林博物馆 / 20
一夕 iii_house / 24

面辣子酒楼 / 26
松鼠家 CAFE / 28
卧龙寺 / 30
环城公园 / 32

深入回坊
感受不一样的风情和美食

钟楼 / 38
鼓楼 / 40
化觉巷清真大寺 / 42
回坊 / 44
京畿造长安饼店 / 46

定家小酥肉·盛志望麻酱酿皮 / 48
大学习巷清真寺 / 50
都城隍庙 / 52
德懋恭老字号点心店 / 54

隐藏在闹市的故事
目睹巨变的古城遗存

杨虎城将军纪念馆 / 60
莲湖公园 / 62
西仓集市 / 64
洒金桥老街 / 66
西五台云居寺 / 68
左右客茶餐厅 / 71
广仁寺 / 73

城墙下的小巷弄
徘徊在西安的老街古巷间

小雁塔 / 80
西安博物院 / 83
西安古城墙 / 85
湘子庙 / 87
赵记绿豆馅饼素斋 / 90
陕西巷子老菜馆 / 92
西安古旧书店 / 94
五星街天主教堂 / 96

在古城里赏樱
淹没在樱花烂漫中的西安

青龙寺 / 102
西安交通大学 / 105
风车与矛咖啡馆 / 107
兴庆宫公园 / 109

万寿八仙宫 / 111
罔极寺 / 114
永兴坊 / 117

大明宫国家遗址公园
梦回盛世唐朝

大明宫丹凤门遗址博物馆 / 124
大明宫考古探索中心 / 126
含元殿遗址 / 128
大明宫国家遗址公园 / 130

大华 1935 / 133
大华工业遗址博物馆 / 136
绿驴 LVLV STORE / 138
胡同猫 / 140

革命新生之旅
红色革命的古都印记

徐家稠酒坊 / 146
西安事变纪念馆 / 148
眼镜张牛肉块扯面 / 150
人民大厦 / 152

明秦王府城墙遗址 / 154
八路军西安办事处纪念馆 / 156
革命公园 / 158
平仄咖啡馆 / 160

回味古城的历史
回味在老西安的雁塔风铃下

大兴善寺 / 166
陕西历史博物馆 / 168
子午路张记肉夹馍 / 170
大慈恩寺·大雁塔 / 172

大雁塔东西苑 / 174
伴山书屋 / 177
唐大慈恩寺遗址公园 / 179
大雁塔南北广场 / 182

曲江的古与新
追寻曲江新区的岁月流光

曲江池遗址公园 / 190
曲江秦二世陵遗址公园 / 192
寒窑遗址公园 / 195
西安新艺术中心 / 198

袁家村关中印象体验地 / 200
陕拾叁冰饼糖 / 202
大唐芙蓉园 / 204

兵马俑、半坡遥远的呼唤
遥远的记忆与现代艺术生活

秦始皇兵马俑博物馆 / 210
华清宫景区 / 213
西安半坡博物馆 / 215

半坡国际艺术区 / 218
自在茶事 / 220
核桃树餐厅 / 222

书院门历史文化街区

古槐的树荫下,前面是店,后面小院里就是家,人们悠闲地看店、干活、喝茶,有种漫不经心的趣味……

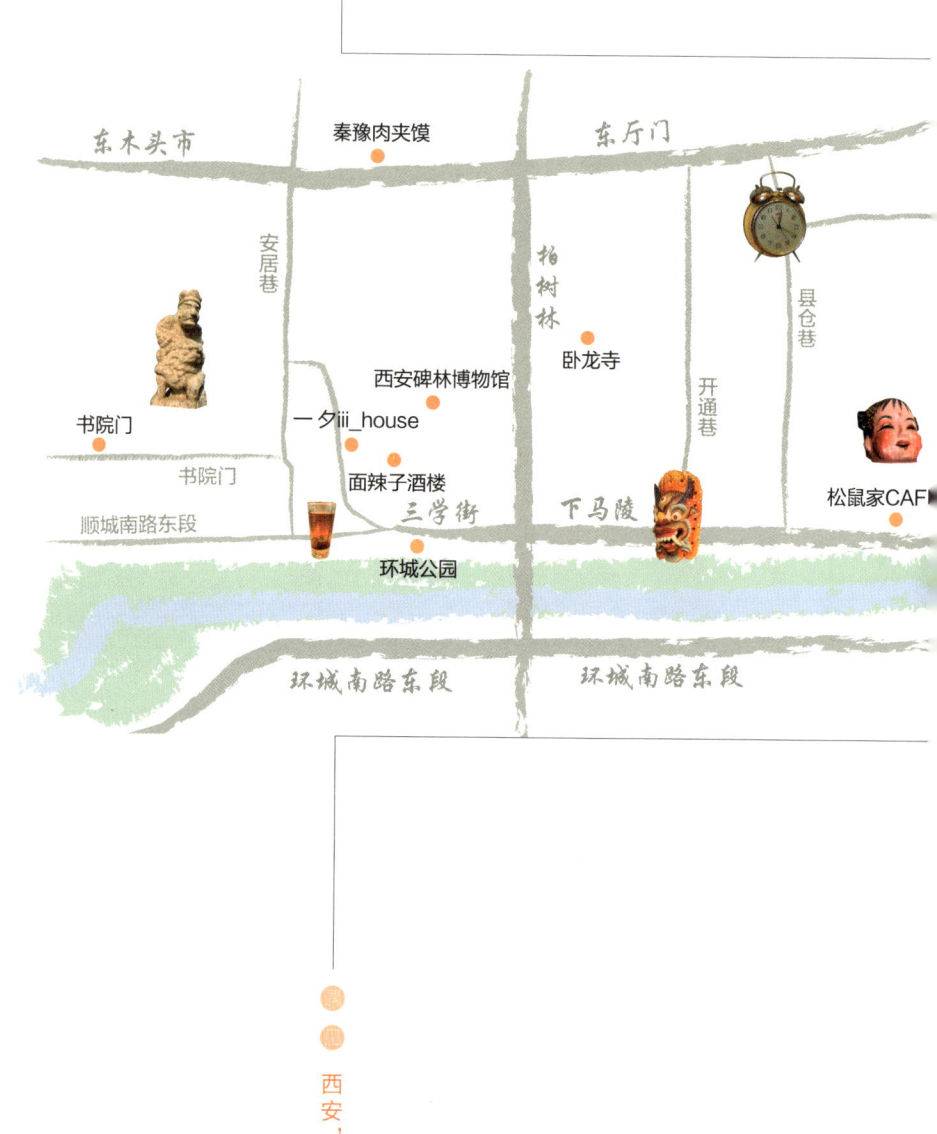

西安，这座城

多彩老西安的汇聚之地

书院门一带的数条小巷,应该是最能体现老西安书卷气的地方。这一带是我少年时最喜欢的街区,虽然眼看着原来略有凹凸不平但更有古意的真正青石板路换成平整的仿古大石板,两边商铺里摆出的东西也更加游客化,但无论如何,这里仍是会让人心中泛起淡淡思古之情的地方。特别是行走在孔庙四周,处处可见极粗大的古槐。槐树是西安市市树,很有北方树种的风范,仿佛天生带有历史感:树干粗黑,树叶却细小又特别密实,到了夏天,整个树冠特别浓绿,树荫仿佛也比别的树要厚几分,像是在庇佑着树下的人们。

碑林附近的街巷内,有的古槐已经老到主干倾倒,人们便修起一个朱红色架子将其支撑住。极力推荐大家不只走宝庆寺华塔到碑林这一条正街,也可以往旁边斜逸出的小巷里走一走,也许有些破旧,但有浓浓的生活气息。这一带的小巷里也多是做书画生意的人家,装裱书画、定制画框。与正街上店面不同的是,它们更家常,没有正街面上多多少少提着的"面对全世界游客做文化生意"的那种架势。比如路边石头墩子上,放着小小的功夫茶盏,随做生意随喝茶;再比如店门口随意地摆着几个一人高的关帝、圣人石像,边角料细木条就随随便便搭在上面,有种倒错时空的奇幻感。

西安，这座城

秦豫肉夹馍
舌尖上的老西安味道

在西安，随处可见卖肉夹馍的小店，肉夹馍算是西安城普及率最高的小吃了，往后才是凉皮、羊肉泡馍。所以你要是问西安人最好吃的羊肉泡馍是哪一家，答案通常五花八门。但如果问肉夹馍，答案就会统一多了，范围基本跑不出三家：樊记肉夹馍、秦豫肉夹馍和子午路张记肉夹馍。樊记历史最悠久，但只有竹笆市总店的口味有保障；子午路张记诞生

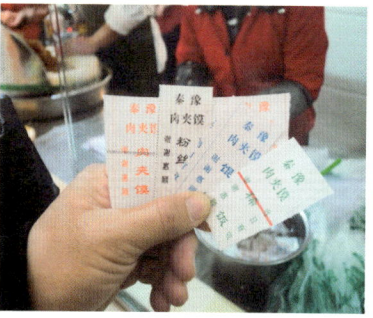

得相对最晚，而且店面基本都在城墙外；秦豫肉夹馍在西安名声最盛了，某美食节目中拍的肉夹馍就是这家。

小学的时候我学书法，时不时经文昌门到柏树林买点宣纸毛笔什么的。一进文昌门总能看见一长队人站在狭窄至极的人行道上的一个小店外面排队，第一次见吓我一跳，因为当年没有现在这些所谓"爆品"，极少能见到买个饭还排这么长的队。那就是当年秦豫肉夹馍的老店。

2001年前后，柏树林区域的民房拆迁，秦豫肉夹馍才搬到了现在的位置。他家有两个特别之处，一个是限量供应只卖半天（其他肉夹馍都是卖全天），到中午13:30就打烊了；二是每年暑假会放半个月左右的高温假，所以7月底8月初最热的时候，就不用专门过来了。

这家店因城里的老街坊认可，多年来积攒的口碑一传十十传百，导致到饭点就会排长队。店面也不大，所以如果是和朋友一起来的话，最好的办法是一个人负责排队、点单、付款，其他人负责去找座位，这样才不会太狼狈。

当地人吃肉夹馍的话，通常要配一碗秦镇米皮和一瓶冰峰汽水，这就是所谓的"三秦套餐"了，其他的搭配选择还有粉丝汤、馄饨和生氽丸子汤。

时间允许的话，倒是建议这三家著名的肉夹馍都去品尝一下，听说总是不靠谱，还是自己做个判断吧。

书院门
热闹与古意并存

书院门，当然并不只是一道门。

简单点说，它是一条窄窄短短的街，走到尽头，又蜿蜒出几条更细小的巷弄。

书院门的起点有一座小巧的牌楼，上书"书院门"三个金字。两边柱子上写着对联"碑林藏国宝，书院育人杰"，漆面已经相当斑驳。这副对联算是简明地点出这条街中藏有的西安文脉：碑林和关中书院。

不过，虽然很少被提及，还要请大家注意一下牌楼旁的路边上，有一座相当低调的古塔——宝庆寺华塔。不知为什么，每次特别注视它，总是在暮色中，它永远像一幅沉默的剪影。古塔被一圈栅栏围着，没有对外开放，但这完全不影响在此静立一会儿来欣赏它。宝庆寺修建于隋朝，原址在安仁坊，明朝时移至现在的位置。民国时宝庆寺被毁，唯有六角形的七层华塔保存了下来，独立于此。塔中原先供奉有大量魏、隋、唐时非常珍贵的石刻佛像，可惜其中很多都已流散海外了。

沿着街道向前走，很快就到了关中书院门口。关中书院修建于明万历年间，在明清两代是陕西的最高学府，也是全国四大著名书院之一。关中地区明代以后的历届科举考试都在这里进行，应试者就在这条街上食宿、温习功课、呼朋唤友……书院门也因此而得名。

不过，现在的关中书院已经变成了西安师范学校，建筑依然保持旧时的古朴模样。岁月流转，书院换了名字，却仍然是读书育才的场所，真是让人心里踏实的一件事。每次路过时我都忍不住停步观望一会儿。只可惜学校并不对外开放，只能从外面欣赏。

现在的书院门，是一条既有书卷气又有生活气息的街，但和一般的小街不同的是它多了一份自在和闲适，从西到东，都是与书画有关的买卖商铺，保持了古色古香的味道。路的中间设置了一长溜小摊位，贩卖各色纪念品：埙、葫芦、拓片、皮影……两边的店铺更多的则是卖文房四宝、石料刻章、国画西画，还有玉器。虽然也多做游客生意，但不少店都开了颇有年头，本地喜爱书画的人也会时常光顾。

走在这条街上，热闹与古意并存，完全可以把脚步放慢一点，感受时光慢慢流淌。

西安，这座城

西安碑林博物馆
穿越时空艺术的殿堂

西安碑林博物馆从外面看起来不大，院落却很有纵深感，走进去时有种树木森森的感觉。旅游团一般不来这里，所以院里相当清静，细细密密的绿荫，静默无言的石碑……在这里好像时间都慢下来了。

碑林是中国最早最完整的碑刻博物馆。事实上，碑林最早叫"唐石经"，还叫过"碑洞"。看着眼前密密麻麻排列的石碑，只能说"碑林"这个名字太贴切，刻有不同书法字

体的石碑就如花草树木一般到处都是，到底有多少块没敢数，只知道这里收藏的石碑是全国之最。

这里有《曹全碑》《多宝塔碑》《玄秘塔碑》这些就算没学过书法的人也如雷贯耳的名碑；也有如《大秦景教流行中国碑》这样颇具历史意义的名碑。

最值得一提的是《石台孝经碑》，这是碑林中最大的石碑，刻于745年，是唐玄宗李隆基亲自书写的。人们通常称此碑为西安碑林第一碑。

即使在最热的夏天，走进放置这些石碑的展馆里，也会突然感觉到凉意。高堂大院，一道道门槛，竖立的石碑，拓碑帖的工作人员……鼻间满是墨香，爱书法的人到了这里如进了宝山，即使不喜欢书法的人，可能也会生起一点想练字的冲动……至少在丛林般的石碑上找找自己和喜欢的人的名字，也是趣事一件。

如果确实不爱书法，是否就不能愉快地玩耍了呢？并不会。我强烈建议对书法不太了解的人请工作人员讲解，碑林中很多工作人员对书法和碑林都有股痴情，听着他们的讲解，不会漏掉有价值有意思的地方。

碑林以书法石刻闻名于世，但不代表里面只有书法石刻。西安碑林博物馆所在地是早先的孔庙旧址，汇集了几个朝代的建筑，棂星门外的泮池是元代建的，戟门是明代建的，几个御碑亭是清代建的。

这里还有一个石刻艺术馆,里面有 100 多件北魏至宋代的石刻佛像。必须得说,古老的石刻佛像有一种现今难找的宁静与安详之美,无论是佛像的面容,还是流畅优美的衣袂线条,都有一种让人感动的力量。

国宝"昭陵六骏"也在此处。"六骏"是唐太宗李世民先后骑过的 6 匹战马,分别名为"飒露紫""拳毛䯄""青骓""什伐赤""特勒骠""白蹄乌"。为纪念这 6 匹爱马,李世民令画家阎立德和阎立本用青石浮雕描绘出这 6 匹战马。六骏浮雕以前一直列置于昭陵祭坛两侧。清末民初时,文物贩子把浮雕分割为 6 块,打算偷运出国,所幸其中 4 块盗运时被截获,最后"飒露紫"和"拳毛䯄"被运到美国,现藏于宾夕法尼亚大学博物馆内。而幸存的 4 块,加上"飒露紫"和"拳毛䯄"两块复制雕刻都收藏在碑林。

　　碑林中还有个看点，那就是景云钟。这口钟是唐睿宗李旦在景云二年（711年）铸造的，上面铸的铭文是李旦亲手所写。唐代时这口钟是挂在钟楼上的。西安人对西安钟楼一直有着特别的情结，但很多西安人大概都不知道钟楼的钟其实并不在钟楼上，而在碑林里。景云钟被低调放在院中靠墙立着，很多人可能都不知道它是如此大名鼎鼎。

　　与碑林中无数很有名但很低调的文物比起来，馆宠小黄猫就高调多了。小黄一家原是流浪猫，后来有爱的碑林工作人员集体出资设了个基金来照顾这些猫咪们。他们还给小黄猫开了微博账号，取了个霸气的网名"碑林飒露黄"！如果你是爱猫之人，来碑林的时候，别忘了给胖成球形、动若闪电的飒露黄拍张照。

西安,这座城

一夕 iii_house
老宅的创意新生

通常西安给人的印象总有点古意十足但缺乏现代气息,其实,当你深入到极其细微的小巷中,反而不时会有亮点发现。比如一夕 iii_house,这是家藏在老房子中的小民宿,由4位年轻设计师主理,这里也是他们的独立设计品牌"界与非白"的"自宅"。

城墙下的小院里,是由4个合伙人一起创造的这个集民宿、设计、手作、展览为一体的开放式生活空间,保留了悠然的古意,又结合现代简洁的设计理念,如同中国画里的留

白，整体感觉疏朗干净又充满赏心悦目的小细节。

只有 5 间房，喜欢的话一定要提前订。

这里也提供对外的咖啡茶点，即使不在这里住，也强烈推荐来喝个简单舒心的下午茶。咖啡茶点只在下午 14:00 后开放。他们家太低调，只在老式房子大门口挂了一个小小屋形 LOGO 的挂牌，门头店名一概没有，很容易错过。不过，只要记住走进长安学巷，见到那棵大到倾倒，又被红色架子支住的老槐树，树下的老式大门就是他们家。门一般是闩着的，轻按门铃，可爱的店主会来开门。

一楼的大起居室是茶点区，简洁舒适又有设计感，还能看到店主设计及手制的皮具。顺便说一句，见过不少"鹿头"墙饰，数他们屋里的最惹人爱。

面辣子酒楼
丰俭由人的关中味道

面辣子酒楼藏在碑林后面的一条小巷里，正对着陕西省书画研究院，已经默默开了多年了。门头看起来有点古色古香，牌匾上是贾平凹题写的"面辣子酒楼"，整体环境又有点漫不经心的家常，与周围街巷风格极为默契。

不知道你会不会和我一样觉得面辣子酒楼这个店名听起来有点憨直可爱？其实面辣子是蒲城的一道风味小吃，这家餐馆是西安最早的蒲城风味饭馆。关于蒲城你可能不熟悉，

没关系,只要记住那里是著名爱国将领杨虎城将军的老家就可以了。

面辣子是用小麦面粉掺上豆腐丝、木耳丝、粉条碎,加盐和蒜片,用开水烫至半熟后,倒入油泼辣子,搅匀再上笼蒸,成品是红油色的糊糊,搭配纯手工的杠子馍一起吃。既有油泼辣子的香味,又有小麦的原香味,别看名字里有辣字,看起来也红彤彤的,但其实并不很辣。

面辣子酒楼里除了能尝到一些地道的陕西关中小吃,其他的硬菜也不少,即使吃不惯地方小吃也没关系,还有很多别的选择,可谓是菜品丰富、丰俭由人。

西安,这座城

松鼠家CAFE
在城墙根下等你偶遇

　　这是一家悄悄存在了很久的可爱小店,位于虽无遗址却颇有历史渊源的下马陵,而且正对城墙。它处于一处老旧居民楼的底楼,走进旧绿的铁栏门,仿佛进入了另一个时空,就像爱丽丝掉进了兔子洞!
　　门面实在不算大,里面的空间也比较逼仄,但既然它是网上推荐的比较热门的两家咖

啡馆之一，必然有过人之处。店里堆满又旧、又杂、又神奇的家具和饰物，比如你我都骑过的儿童三轮车、妈妈用过的老式缝纫机、20世纪80年代或者更早的收音机、蘑菇唱片机、怀旧的格纹沙发、旧书、老唱片，还有一只真正的旋转木马……

色彩也用得丰富，但难能可贵的是组合出来却不落俗套，很惊艳。各种有趣的装饰、音乐和书籍，满满的80后的回忆，感觉在这里待上一天，都不会无聊。空间被建筑所限，屋内只能摆下六七个桌子，每个座椅似乎都是一种小世界，各不相同。

比起别的咖啡馆，这里更像是一个童年的秘密基地和童话里的神奇杂货铺，让人坐在里面特别舒心。当然，这里更适合怀旧和复古的人，能唤醒他们沉睡的童年或青春记忆。饮品还算丰富，有不错的咖啡和花果茶，不过来这里的人，多半也并不是冲着他们的餐点来的。

早两年去的时候还能看见他们家老板，当时他还在隔壁经营着一家银河杂货铺，有时就蹲在门口，用油漆刷着不知从哪儿淘来的旧家具。据说现在老板去大理开客栈了，咖啡馆就交给店长打理，银河杂货铺也消失不见了。

卧龙寺

大隐于市的千年古刹

西安的街巷里，藏着不少极有历史渊源的古寺，卧龙寺就是其中一座。这是一座藏在闹市里的寺庙，分明地处市中心繁华地带，给人的感觉却极其隐逸。

不收门票、免费供香，院中人并不多，却供了许多香烛。寺庙不算太大，却有1800多年历史。看着它低调的样子，路过的人可能很难想到它是陕西最早的佛教寺庙，也是相

当著名的寺院。卧龙寺始建于东汉,唐贞观年间重修之时,因收有吴道子绘画观世音神像,镌之于石,供在寺中,遂改"观音寺"。宋初有高僧惠果入寺住持,终日高卧,时人呼为"卧龙和尚",在宋太宗时寺名改为"卧龙寺"。

  自元至清,卧龙寺多次重修。现在寺内保存下来不少元、明、清的石碑,重要的如大雄宝殿东边的明代石碑,碑石显文如花朵,人称"开花碑"。另外值得注意的还有佛足迹碑。佛足刻在《明卧龙禅寺碑》的碑阴面,碑正面铭文记述着卧龙寺的沿革。佛教认为见佛足迹如见佛,来到这里一定要看看这块珍贵的石碑。

  值得一提的是,在大悲殿内,千手千眼观世音菩萨像后方所供的韦驮菩萨为坐像,这是国内唯一的韦驮菩萨坐像。

  卧龙寺原藏有《碛砂藏》,康有为曾经想取出《碛砂藏》经文私用,后被《时报》曝光,一时舆论哗然,时称"康有为盗经风波"。后经多方斡旋,最终该经文转移至陕西省图书馆。寺内还珍藏着古印度的贝叶经,极具文物价值。

  卧龙寺给人最大的感觉是清静,外面不很起眼,往里走很深才到尽头。外面的车水马龙在走进寺门的一刻就完全听不到了,所余只有宁静,完美诠释了"大隐隐于市"。

西安，这座城

环城公园
完全生活化的本地人公园

我长久以来最羡慕南方城市的，就是它们几乎都有河。自然的河流穿过城市，对于从小生活在西安这个干燥四方城的人来说几乎是魔幻的。虽然古有八水绕长安之说，但实际上西安市城区范围内没有自然河流，西安人所熟悉的河，就是沿古城墙一圈的城河。

在我父亲小时候，城河是本地小孩夏天游泳的地方，虽然每年都会出事，但小孩们乐

此不疲。在我小时候，城河里的淤泥大概就和西安的历史一样厚重，没人再想去里面游泳划船，河边是茂密杂乱的林带。西安的城河治理了很多年，久到我长大的过程中几乎都忘了这件事。后来好像忽然有一天，环城公园建好了，城河水变清了，水面上放养鸭子和鹅，南门外这一段还可以乘船。

西安的环城公园几乎是绕城墙一圈，花树每年都愈加繁茂。这里紧邻城墙，没有遮挡，散步路上可以抚摸到城墙砖，找合适的角度把自己、城墙以及花花草草都收入镜头会很有趣。有意思的是，不同段环城公园里可以找到不同的植物，我曾在玉祥门外的环城公园林带看到过整片的曼珠沙华。如有时间，遇上好季节好天气，不妨多散步一会儿。

文昌门（南门）外的环城公园内还有个特别迷你的日式小园林——吉备真备纪念园。吉备真备对创制片假名起过重要作用，曾两次任遣唐使，为中日友好往来做出巨大贡献。这个小小园林中用了日本"枯山水"手法，以细石子做成水流状，颇具禅意。

环城公园其实不能算景点，而是个完全生活化的公园，每天都是本地居民在此散步、锻炼、遛孩子、吊嗓子。那天我从公园走过时，听到有人坐在长椅上慢悠悠吹着埙——是的，这完全是多少年来西安城墙下的调调，我记忆中在城墙下，特别是书院门这一带的城墙下，永远都能听到埙声，柔和、低回，简单但又幽远的感觉，这就是西安城墙边该有的声音。

深入回坊

从正街稍稍深入,你就会发现其间大小巷子纵横交错。北广济街、西羊市、大皮院、桥梓口、庙后街、大小学习巷……

西安，这座城

感受不一样的风情和美食

其实所谓"回民街",可不仅是鼓楼背后北院门这条人最多的街。此处地道的叫法应该是"回坊",历史悠远。唐时阿拉伯、波斯等地商人纷纷来长安贸易,聚居于此,逐渐形成唐代称为"番坊"的穆斯林居住区。"依寺而住"的生活是坊上回族的传统,人常说的"七寺十三坊","十三坊"指的是回坊的区域面积,"七寺"就是现在西安城内的化觉巷清真大寺、大皮院清真寺、小皮院清真寺、大学习巷清真寺、北广济街清真寺、清真营里寺、洒金桥清真古寺。从现在回坊的规模,就可遥想唐时长安国际贸易何等繁荣。今天,扬名海内外的西安回坊被单纯看作"回民小吃街",还是有点可惜的。

从正街稍稍深入,你就会发现其间大小巷子纵横交错。北广济街、西羊市、大皮院、桥梓口、庙后街、大小学习巷……

让我们从西安的标志——钟楼和鼓楼开始旅程,深入回坊的街巷,探访清真寺,吃到胃里再无空隙,最后在都城隍庙感受最可爱的神仙烟火气。

西安,这座城

钟楼
西安人公认的西安地标

西安钟楼是中国现存形制最大、保存最完整的一座钟楼,也是西安地标之一。它位于西安古城内的中轴线上,正对城墙南门,毗邻鼓楼,白天和晚上都值得来看看。

钟楼建于明朝,楼体为木质结构,正方形基座,檐上覆盖深绿色琉璃瓦,楼内贴金彩绘,雕梁画栋,顶部有鎏金宝顶,金碧辉煌。以它为中心扩展出东、南、西、北四条大街,并

分别与明城墙东、南、西、北四门相接。

钟楼内原有铸造于唐代的景云钟，每年除夕之夜中央人民广播电台的新年钟声，就是景云钟的声音。不过，在1953年景云钟就移至西安碑林博物馆收藏了，现在钟楼上摆的钟是复制品。

对于西安人来说，钟楼才是实实在在的西安标志。钟楼对西安来说，不仅是一座古建筑，还是一个交通环岛，是西安中轴线上标志性建筑。

夏天的傍晚，总有无数燕子环绕着钟楼上下翻飞。钟楼是我在西安看到过燕子最多的地方。

西安人喜欢在钟鼓楼广场放小风筝，不分季节。半空中飘着许多长串串的小风筝，是我对钟鼓楼广场最深的印象。很多逛街累了的行人，就会坐在台阶上，一会儿看看钟楼，一会儿看看风筝，安静地歇一会儿脚。

到了晚上，亮起灯的钟楼更是美得360°无死角。周围都暗下去的时候，灯光让钟楼看起来流光溢彩，被穿梭的车流包围着，会给人一种千年故地梦中游的感觉。

鼓楼

这是我们的暮鼓与晨钟

西安鼓楼与钟楼并称为"姊妹楼""文武楼",两楼相隔不远,伙伴般隔空相望。明太祖朱元璋建造这两座古楼,以击钟报晨,击鼓报暮。鼓楼比钟楼早建造4年,楼上原有巨鼓一面,每日击鼓报时。如今原先的巨鼓已不存,于20世纪90年代重制了一面高1.8米,直径2.83米,重达1.5吨的大鼓。鼓楼的陈列室内也展出古今中外各式各样的鼓,有陶鼓、

鼍鼓、石鼓、盾鼓、虎座鸟架鼓、跨鼓、战鼓、都昙鼓、答腊鼓、象脚鼓、铜鼓等几十种（顺便说一句，里面展出的齐白石亲赠书画也颇为珍贵）。

室外廊上的24面节气鼓也很有看头，正好环绕鼓楼一周，鼓面以小篆分别书写二十四节气的名称。沿着回廊走一圈，边念着鼓上的节气，边眺望老城内的景色，感觉很适意。

鼓楼和钟楼都有滚动的鼓乐及编钟演奏，全天大约6场，钟楼一般是半点表演，鼓楼一般是整点表演，感兴趣的话可买钟鼓楼的联票，陕西年票一卡通也可用。

2007年起，西安恢复了曾消失100多年的"晨钟暮鼓"报时：每日上午9时、正午12时、下午3时，西安钟楼上的景云钟（复制）分别鸣响24声；傍晚6时，首先鼓楼上的二十四节气鼓齐鸣，然后闻天鼓鸣响24声以报暮时。

有多少次黄昏时坐在公交车上，缓慢地路过钟楼和鼓楼。每到这种时候，我会特别真切地感觉到，这就是我生活的城市。杂乱、喧闹，有时还会显得土土的……但它有这样的晨钟与暮鼓。

西安，这座城

化觉巷清真大寺
如梦中之境的中式园林

如果你觉得北院门和西羊市太喧嚣，请走进化觉巷清真大寺，会让你感觉超越时空一般地宁静。

回坊有七座清真寺，化觉巷清真大寺是其中最大的，也是唯一收费的。化觉巷位于北院门西，基本上就在回民街入口，先要走过一段曲折的窄巷，两边都是卖古旧物件的小店。清真大寺的门口并不太起眼，倒像普通老宅的大门。但走进去，会顿感别有洞天。

据寺内现存石碑记载，化觉巷清真大寺建于唐天宝元年（742 年），经过明、清几次

重修和扩建，逐步形成现在这个规模宏大、环境清幽的建筑群。它是我国目前保存最为完整的伊斯兰寺院之一，并因收藏《古兰经》全文木版雕刻闻名于世。

几乎全世界的清真寺都是圆顶伊斯兰风格，但西安的清真寺却有很多是中式建筑，特别是化觉巷清真大寺，完全体现了中式古典园林的美好。

整个寺院是东西走向的长方形，沿东西轴线分4进院落，每进庭院均为四合院模式，由楼、台、亭、殿组成。东端院墙正中的照壁是全寺中轴线的起点，在这条中轴线上，依次排列着木牌楼、五间楼（二门）、石牌坊、敕修殿（三门）、省心楼、连三门（四门）、凤凰亭、月台、礼拜大殿等主要建筑物。这些建筑大多是木质的，飞檐斗拱完全体现了中国古典亭台的特色。几间大些的亭台都有蓝色琉璃瓦的屋顶，这几抹蓝色极静谧，我去的那天有点阴天，这蓝色看起来有种梦幻的感觉。若是大晴天阳光照射，又是另外一种感觉。

最底部的礼拜大殿非教徒不可入内，只能在外观望。因此殿内天棚藻井的600余幅彩绘蔓草花纹套刻《古兰经》，等闲是看不到了。

不过，站在殿外，转身望向寺门处，视线穿过层层拱门，仍能体会到幽微精妙的空间感。寺中各处墙壁、门柱、亭台、石碑上都充满了精细的石雕、砖雕、木雕，甚至洗手间旁边的墙上都能看到极美的砖雕，让人大饱眼福。伊斯兰教建筑装饰的一个基本原则是不用动物形纹，因此我们可以看到大量的各式卷草花卉以及云纹。这些雕刻在我看来都可以用美轮美奂来形容了。

回坊

在回坊，吃吃吃

我常常想，走到回坊这一带的时候，大多数旅行者可能会把自己的旅行初心忘掉那么一会儿。什么美丽景色，什么宏伟古迹，全部放在一边。毕竟在回坊，吃才是第一要务。

坊上人擅长做小吃，牛羊肉泡馍、腊牛羊肉、烩羊杂、粉蒸羊肉、蜂蜜凉粽子、麻酱酿皮、八宝稀饭、胡辣汤、韭饼、酸汤水饺、灌汤包、黄桂柿子饼……举不胜举。

游客所熟知的回民街，是指鼓楼后面的北院门那条街。如果被主街上品种繁多的小吃

迷晕，马上启动吃吃吃模式就错了！

　　首先，从鼓楼门洞开始往北走200米左右，左手有条窄巷子——西羊市，里面有出名的米家大雨泡馍、刘纪孝腊牛羊肉，也有本地人爱吃的麻乃馄饨。

　　以前西安土著嫌北院门街道上游客太多，总是径直拐进西羊市，但现在的西羊市也已被游客攻占，窄窄的街道比以前更难前行。顺着西羊市一路前行，直走到一处小小的十字路口，横在面前的巷子就是大皮院。往右拐，走一会儿就能看到盛志望家麻酱酿皮和定家小酥肉。沿途还有穆萨砂锅、乌家小炒，快走到尽头，有条夹在两堵墙中间的极窄的小道，进去就是著名的高家烤肉。现在回坊正流行10元一串的红柳木烤肉，但在我的记忆里，西安回坊的正宗烤肉只有那种极小串的黑色铁钎烤肉，5毛到1元一串，一个姑娘也能随随便便吃下100串。想吃烤肉一定要去真的老烤肉店才可以！

京畿造长安饼店
想象中的长安味道

如果你走在嘈杂的西羊市，觉得人流量有点大，甚至不需要自己动脚就能被挤着向前走；眼前的一切都是满满当当的热闹，虽然气氛很嗨但多少有点烦躁……那么当你看到这间店时，会觉得它简直是一股清流！干净、敞亮、极简，与周围的店铺比起来反差特别大。

从门头到店面的布置再到点心的包装都走"冷淡风"，有点像京都的传统和果子店。再一想，没毛病，京都不就是仿照唐代长安城建造的吗？老板自己是这么解释的："京畿"

的说法始于唐朝，意思是"位于国之中央的都城"，就是指长安及周边地区。所以这间叫"京畿造"的糕点店并不是在向京都致敬，而是试图寻找大唐长安的影子。店里点心的种类并不多，但名字都特别有古意：长安酥、豆馅（就是绿豆糕），另外还有包装精致的茯茶。与一般点心店不同，这里看不太清楚点心的真容，因为货架上只有规规整整包好的纸盒，而店里供试吃的样品又已经被切成小块了。不过，收银台边有个大玻璃窗，可以看到后面操作间里的阿姨手工捏制点心，环境如店面一样干净安宁，看着让人很安心。

在柜前研究古雅的包装盒时，老板走过来招呼我们试吃几种不同的点心，然后特别诚恳地看着你，说着几味点心之间的差别。老板说，他们在古书里寻找古方，再加上自己的理解，试着设计出这几种点心，希望做出长安的感觉。老板又说，这家店的宗旨不过"地道"二字，无非真材实料用心做……

定家小酥肉·
盛志望麻酱酿皮

回坊美食界第一CP

这两家一起推荐，不仅因为他们紧邻，又都是得到老西安盖章认证的店，更重要的是，这俩算是回坊小吃届的当红CP。每个人来到回坊，都会把盛家酿皮就着定家小酥肉一起吃。

回坊的老店一般不太注重门面，定家也一样，门头很小，走进去倒还算宽敞，院子里和后屋摆了十几张桌子，到饭点还是得拼桌才行。这里的吃客原来基本是本地人，不过现

在定家名气渐大,来打卡的游人也不少了。

定家做的小酥肉,是用牛里脊肉切条、挂糊、过油,再加牛肉汤,用搪瓷盆盛着上锅蒸。进门时便可看到4个蒸箱,每个9层,满满地放着香气四溢的小酥肉,不停地卖,不停地补充。

坐定要一盆小酥肉。黄色搪瓷盆上印着怀旧的花,边角上都有点磕碰,说明这些饭盆也随店征战不少年了。出锅后的肉条已被浸润,变得特别酥软。在肉上浇一勺红红的辣子油,配上米饭一起吃,会发现肉几乎入口即化,让人难以想象这竟然是牛肉做的。肉的口味会稍咸一点,还带着花椒的麻,吃肉、浇汤汁泡饭,滋味相当美。

光吃肉有点腻,点一份他家的自制泡菜搭配就好。喝的点冰峰自然没问题,但他家的酸梅汤很一般,建议在外面花奶奶摊上买了带进来喝。

要提醒的是,小酥肉分量足,非食力超群最好两人分享一份,留点肚子好继续征战。至少,得到隔壁盛志望家买一碗麻酱酿皮过来吃。

在这里要普及一下,陕西的凉皮分好几种流派,回坊店里卖的一般是不留面筋的酿皮,比较厚,柔软又有嚼劲,佐以麻酱,口感丰富浓郁。回坊里人气最高的酿皮店就是盛志望麻酱酿皮,已有100多年历史,是清真麻酱酿皮的代表。他家自磨的麻酱特别香醇,而且慷慨地在酿皮顶上浇得满满的,再加上大勺辣子,搅开都有点费力。他们家唯一的缺点,就是总是排太长的队!所以别费力等空座了,直接拎到定家开吃才是正经。

西安，这座城

大学习巷清真寺
岁月悠长的美

大学习巷，本身就是一条特别有历史感的街巷。

大学习巷位于西大街中段路北，南起西大街，北至庙后街，长400米，南高北低。"学习巷"这个名字得于盛唐，当时这里由官方设置了培训外国使节熟悉汉文化的学馆，周边街坊内，来自不同国家的使节、商人互相切磋学习蔚然成风。现在，学习巷分为大、小学习巷，但并不是说小学习巷就小，大学习巷就大，因为大学习巷看起来街面更宽阔些，小学习巷更窄而已。

  大学习巷清真寺位于巷子北段，是西安最古老的清真寺。它始建于唐神龙元年（705年），与化觉巷清真大寺东西遥遥相对。该寺建筑规模较大，仅次于东侧的化觉巷清真大寺（东大寺），故又称"西大寺"。

  西大寺面积7 000平方米，院中建筑物的年代比东大寺还要久远，寺门立有五柱三间的石牌坊，大院通道两侧各有一座碑亭。寺中最为著名的石碑，就是位于南碑亭的"郑和碑"。碑文记载，郑和在第四次航海前，来到西安寻求精通阿拉伯语的翻译和顾问，本寺中掌教哈三因精通阿拉伯语和锡兰语，被聘为翻译和顾问，随郑和下西洋，并做出积极贡献。郑和回国后，特意奏请明成祖重修了大学习巷清真寺。传说寺内的两层三重檐、歇山屋顶的"省心楼"就是郑和主持修建的。

  西大寺不需要门票，可能是因为院子小建筑物相对比较集中。西大寺比东大寺更能让人感到历史的沧桑。在大殿前面，几位老者坐成一排，一边晒太阳一边讲古，让人凭空生出岁月悠长的感觉。

  走出西大寺，看着眼前的老巷子：不宽，绿树成荫，两边密密麻麻都是食铺，但比起西羊市和大皮院人就少多了，维持着热闹与清静之间的微妙平衡。路两边的糕饼摊上，红红绿绿的绞花点心更像是用来欣赏的。走不出几步，又会看见一个卖烤馕的摊子，豪气地把一大堆馕摊开摆在铺了艳丽桌布的大台面上，黄亮亮的馕们在阳光下发出柔和的光泽。这光泽能让人忘记走酸的脚、撑坏的胃、周围的嘈杂，只为这种细微处不经意的美而打动。

都城隍庙
你来了吗

走出大学习巷,回到西大街主街,向钟楼方向走回去一点,就会看到西北地区规格最高的城隍庙——都城隍庙。

其实作为一个从小在西安长大的人,都城隍庙在我的记忆里并不是一座庙,而是一个能买到各种稀奇古怪小玩意儿的神奇地方。各式彩色珠子、近看粗糙但在小孩子眼里华丽无比的戏服头饰、锣鼓、人头娃娃……都城隍庙的牌楼曾被拆掉,后来此处长年被当作小商品市场,专卖针头线脑和各种戏班道具,直到 2003 年,西安市政府出资将都城隍庙内

的商贩迁出，重修了都城隍庙。

西安的都城隍庙是道教主流全真派圣地，中国三大都城隍庙之一，统辖西北数省城隍，故称"都城隍庙"。据说都城隍庙供奉的城隍爷是刘邦手下的大将纪信，大殿是陕西唯一的庑殿式建筑。过去的西安都城隍庙以道教鼓乐负有盛名，庙内曾珍藏有历代保存下来的各种乐器和乐谱抄本。

不过，都城隍庙虽然地位尊崇，它的历史却颇多磨难：始建于明洪武二十年（1387年），原址位于东门内，宣德八年（1433年）迁建到现址。清朝时，都城隍庙经历过两次大火灾，1942年日军轰炸西安城时还曾被两枚炸弹击中，都城隍庙的二殿及藏经阁被炸毁了，许多流传数百年的鼓乐谱被烧毁。

现在的都城隍庙门头相当气派，最让人玩味的是大牌坊，前脸是两尊雄狮翘首，门楣上赫然挂着蓝底金边的大匾，上书"都城隍庙"4个字，庄严正色，而后脸上4个字，差点让人笑喷"你来了么"——是不是萌萌的？

进去转一圈，发现山门内有一条100米长的青石甬道，头顶上悬着层层红色小纸符——大概是祈福的吧。两边都是卖小玩意儿的摊点，走到正门口，赫然发现曾经的小商品摊还在，只是移到不太明显的角落了。

走进正门，就听到鼓乐声。里面不算大，供奉财神、关公、圣母、文昌星君等诸神，有不少的香客，整体气氛就是热热闹闹。既有无数神仙，又有足够的烟火气，简直有点喜气洋洋的感觉。

你来了吗？也许不算看景的佳选，但来了心情大概会变好哦。

德懋恭老字号点心店

甜得纯粹的老字号

德懋恭创建于1872年，真的是承载几代西安人记忆的老字号点心店了。这家店以水晶饼闻名。说起水晶饼，外地的游客恐怕大多没听过，但它确实是历史十分久远的"秦式"传统点心。"德懋恭"3个字则是作为"正宗水晶饼"的代名词植入西安人脑内的。

水晶饼的外观并不晶莹剔透，而是拿起来层层掉渣的酥皮点心，小小、圆圆、厚厚的，饼面上盖着红色戳记，放在掌心正合适。为什么名字里会有"水晶"？对此，网上流传着

一个故事，此饼最早是有人送给寇准，夸他"公有水晶目，又有水晶心，能辨忠与奸，清白不染尘"。其实，"水晶"就在这个饼的内馅里啊！传统水晶饼是用猪油、冰糖和玫瑰调馅，所以它的馅是纯白中点缀丝丝玫瑰色，吃起来一定能咬到大粒的冰糖，甜得特别纯粹，吃的时候必须就着茶才行。

总之，从小在西安长大的我，已经习惯了过年时候总能在年货里看到德懋恭水晶饼，不过长久以来我只是熟识那经典的复古剪纸图案的点心盒子，却没去过德懋恭的老店。对我来说，德懋恭更接近一个品牌而已，德懋恭水晶饼在超市就买得到，没体验过父母说的过年前去德懋恭店门口排长队的经历。

不过，真正走进看起来挺老式的德懋恭店大门，才发现店铺里早就与时俱进了，除了能买到现烤的水晶饼，还有各式点心，比如清淡不腻的红豆馅的纸酥、鲜花饼、千层酥……看来中式点心花样翻新起来连自己都害怕！总之，德懋恭约等于北京的稻香村，只是门店没那么多。喜欢中式点心的可以来逛逛。

另外，回坊里老字号的传统点心店有好几家，风评都很好。不过，如果打算尝正宗的水晶饼就不要在回坊内买了。

隐藏在闹市的故事

以洒金桥为中心的这片区域,可以说是城中心既闹中取静,又藏着很多不为人知的故事的区域了。如果草草走过,大概唯一能得到满足的只有口腹之欲——毕竟紧临回坊,让人惦记的小吃太多了。

西安，这座城

目睹巨变的古城遗存

游走这片区域也是需要机缘的，就像老李家胡辣汤，只要过了中午 12 点，能喝到的概率大概等同于中了彩票；热闹无比、特别接地气的西仓集市，每周只有两天才有，平常去只是一个普普通通的窄小街巷而已；西五台云居寺更"过分"，每个月只有农历的初一和十五才免费对外开放，其他时间，花钱也甭想进去。

但要说最"狠"的，绝对算广仁寺了，都知道藏传佛教红庙的燃灯节特别漂亮，但一年里也只有两天才能看到，那两天还不要门票！

说这么多，并不是说如果你没算准时间，这些地方就都干脆不用去了。旅行本身就是一个看缘分的事，碰上了是运气好，没碰上就算这扇"门"关闭了，也能打开另外一扇"窗"。

也许正是因为老李家胡辣汤打烊了，你才有机会吃到旁边摊子上炸的油糕、隔壁杨天玉家的腊牛肉夹馍、马二家的酸汤水饺或者老金家的鸭蛋黄夹馍，哪一样口味和品质也都不一般，这样算不算赚到。

西仓集市，平日里去逛才有机会仔细端详老巷子的样貌和墙壁上的涂鸦，再也不用被挤得整个人都快腾空了；广仁寺平日里去，人少安静，没有燃灯节的热闹劲，才能淡定从容地寻找和端详隐藏在寺庙里的那几样宝贝和玄机，只不过多花 20 元门票而已，你说值不值呢？

西安，这座城

杨虎城将军纪念馆
那些属于历史的细节

杨虎城将军纪念馆，就是他曾居住过的公馆——止园。这里也是西安事变纪念馆的组成部分，里面陈设有杨虎城将军的遗物和西安事变的部分文件。

止园所在的地方，在唐代是政治中枢太极殿所在地，在明代是朱元璋之孙千阳郡王王府。杨虎城主政陕西时在此修建了传统风格的二层小楼，作为别墅居住于此。竣工时，由书法家寇遐隶书题匾"止园"，取"止戈为武"之意。传说蒋介石不喜欢这个地方，因他

字"中正",而"止"字却是"正"字去掉上面的头,犯忌讳。这个说法是否确有其事,已不得而知,但蒋介石确实没逃过与止园千丝万缕的联系:西安事变前夜,张学良就是在此与杨虎城紧急磋商,后连夜发动兵谏,扣押蒋介石;1936年12月17日,周恩来又是在止园促成了西安事变的和平解决。

　　踏着青砖铺的路面进园,院落不大,楼也不高。整个建筑大体上是中国传统样式,拱顶、飞檐、碧瓦、朱柱。但是细细看来,细部装饰上却有很多西式元素。青色的砖墙,古朴而典雅,隐在院中花木中,显得格外宁静。

　　公馆里有"杨虎城将军生平陈列"和"杨虎城旧居复原陈列"。登上通往二楼的木梯,就可以看到杨虎城将军当年用过的房间和物品,还有旧时的照片、信件。在止园参观的这一天,恰巧遇见一位老人,略微激动地对着旁边的人说:"我姓杨,我们是杨虎城将军的本家……"接着,又絮絮地说起一些家乡人口中关于杨虎城将军的往事。

　　公馆不大,走马观花的话很快就能走完。但如果停下来细看那些照片、信件与说明,在心中拼凑杨虎城将军的生平,就需多花一点时间了。展品中让我印象深刻的,还是一系列老照片中,杨虎城将军的面容与眼神。他青年时照片中的眼神看起来相当犀利,有着传统意义上"武将"的锋芒;而到了中年时,照片上的面容与眼神都变得宽厚包容起来。不禁会让人联想,不同的年月里究竟发生了什么,让一个人的气质有了这样的变化……我们读到的历史往往寥寥数语,但历史背后却是无数曾经鲜活的人与事。当我们来到历史发生过的旧址,亲眼看到旧日的照片、物品,对于那段历史,总会多出一些感念。

西安,这座城

莲湖公园
从古绽放至今的莲花池

每个城市的公园都不少,特别是南方城市,公园不仅比西安多、比西安大,而且树木更多更美。但只有像西安这样的古都,才会随便哪个公园都可能坐落在遗址上,莲湖公园就是其中之一。

莲湖公园坐落在城中,距回坊不远,是西安现存最早的园林建筑。有多早呢?这么说吧,莲湖公园就建在唐代长安城的承天门遗址上。明代,朱元璋的次子秦王朱樉在此建王

府花园，在低洼处引水成池，又广种莲花，取名"莲花池"。后来王府破败，莲花池却经过了明清两代，后来在1916年辟为公园，是西安历史最悠久的公园。

公园不大，水面就占了1/3。现在的莲湖公园里有两个小湖，一个可以划船，一个种满了莲花。莲湖公园的湖虽然很小，却是城墙内唯一的湖泊，西安的莲湖区也是因此而得名。几乎所有西安人都知道，莲湖公园夏天最美，翠绿的荷叶铺满荷塘，几乎完全看不见水面。荷花盛开之时，也让公园更加容光焕发。

从我记事起，就知道莲湖公园。它是我去过的第一个公园，也是我童年离家最近的公园。那时候，公园还售票，但每年春节的时候都会慷慨地免票。所以，每年过年，全家人一定会一起步行去莲湖公园。

在我的童年记忆里，莲湖公园太小太安静，虽有荷花，有小湖可划船，但是没有游乐场，在小孩心里它不是什么理想的公园。我更愿意去远一点的革命公园或者兴庆宫公园，因为那里有游乐场。其实现在想一想，当年没有声光电游乐设备的莲湖公园，也曾带给我很多小乐趣，比如我曾在公园里第一次见到蜻蜓；曾在小湖边上看着一只小鸭和湖上的游船比赛游泳；曾在公园里从卖12生肖糖人的摊子上转到一条龙，超激动……

而在多年之后，我重访莲湖公园，才知道原来自己小时候常常去的小公园，竟然是西安最老的公园。失敬啦，我童年的小公园！

西安，这座城

西仓集市
最具烟火气的西安老集市

提到西仓，老西安人可能都知道，它在莲湖区庙后街上。此处是西安市有名的花鸟鱼虫市场，一直保持着每逢周四和周日开市的传统，称为"鸟市"。

我去过西仓两次，一次是逢集的星期天，一次是不逢集的日子。只能说，逢集与不逢集的西仓，简直就是两个地方！

不逢集的时候，西仓市场所在的巷子非常安静。不过路两边还是会有固定的花鸟鱼虫店，在路边摆开鸟笼、鱼缸，有的笼子里甚至还能看到松鼠不停地上下蹦跶。但街面上行

人寥寥，车也寥寥。因为两边的花鸟店，这条街鸟鸣声大概是西安其他地方的十倍，但这鸟鸣声似乎只是让这条小街显得更加空旷和安静了。

但到了逢集的时候，就完全不一样了。西仓，就成了全西安最拥挤最喧闹的地方，也是西安烟火气最浓的地方。

虫鸣鸟叫，热闹非凡，文玩古董，应有尽有。原本就在不宽的巷子里挤了三排档子，中间留出来一人宽的空隙，也挤满了人。想要痛快地走是不可能的，只能跟着人潮慢慢移动，而且你几乎可以不用迈脚，人群自会拥着你向前走。

据说20世纪90年代的时候，西仓鸟市只占了两条巷子。开市的时候，卖鸟的、卖兔子的、卖猫狗的、卖鱼的都会聚集过来。夏天，一边有人卖蛐蛐，一边则有人斗蛐蛐，围观的人也很多。路两边的树枝上挂满了各式各样的鸟笼。后来，由于不用交任何费用，又有高人气，越来越多的小商贩们也过来"凑热闹"，什么卖古董的、卖旧书的、卖电池的、去痣的、补牙的……只有你想不到，就没有西仓摆不出的档子。西仓鸟市渐渐变成了一个辐射2 000米的热闹大集市。

贾平凹在他的《废都》里这样描述西仓："那里是一个偌大的民间交易场所，主要营生是家养动物珍禽花鸟鱼虫，还包括器皿盛具，饲养辅品之类。赶场的男女老幼及闲人游皮趋之若鹜，挎包摇篮，户限为穿，使几百米长的场地上人声鼎沸，熙熙攘攘，好一个热闹繁华。"

说到底，西仓是个神奇的地方，爱热闹的人应该会特别爱它；怕挤怕吵的人，可能走一圈头就会炸掉。对我来说，西仓集市是那种不来一趟会心有不甘，但来了又会被挤到受不了的地方。

特别怕吵的人，其实可以在平日里来看看。这样虽然有点奇怪，但在见识过喧闹到叹为观止的逢集日之后，平日里西仓的幽静却让我印象深刻。

西安，这座城

洒金桥老街

吃吃吃，莫辜负

　　洒金桥，是一条南北老街，南起大麦市街北口，北至莲湖路中段的老关庙什字正南，长 800 米。这条名字好听的街其实相当窄小，仅能容下两辆车勉强交错通过。这里不是旅游景点，也很少会有导游带团来，却是很多本地人心目中地道美食的集中地。洒金桥好吃的不少，完全可以一天三顿都在那解决，还能买点零嘴儿。两边的老字号一家接着一家，熙熙攘攘的老街，店主们热情的吆喝，来来往往的人群，诱人的美食更不能错过。

老李家明明肉丸胡辣汤・杨天玉腊牛羊肉

老李家明明肉丸胡辣汤开了好多年啦，肉丸好吃，味重霸道，入口麻麻的。每天早上不少人等着喝。他家隔壁的杨天玉腊牛羊肉也是必吃店，一走近就能闻见现制饦饦馍的麦香。有人专门去他家一次买十几二十个带走的。这两家店生意都相当不错，卖的东西又互补，这边买个腊牛肉夹馍，那边来碗胡辣汤，两家基本上都是卖到中午就收摊。

回坊马二饺子馆

这家饺子店开了30多年，只卖韭黄牛肉馅的水饺，用料讲究，馅料只用上好的秦川牛肉和新鲜的韭黄，而且所有的饺子馅都是店主亲自做。饺子一口咬下去很鲜，酸汤也够酸，很开胃。

老金家蛋菜夹馍

老金家蛋菜夹馍绝对是豪华级的菜夹馍。现烙出来的饦饦馍，先抹上一层辣酱，再铺一层咸菜，然后夹上两三个咸鸭蛋黄，最后再撒上几粒酥脆的花生米。热量高爆了，但吃起来也过瘾爆了……

希木酸奶

这家酸奶店有很多分店。瓷罐酸奶稠稠的，用勺子挖很过瘾，奶味浓郁，味道醇正，特别解腻，正好配着满街各式回民小吃，是绝好的饭后甜点。除了酸奶，也可以尝尝他家的手工雪糕，鲜奶或酸奶打底，加上各种水果切片，排列组合出很多种口味。尝了一个，奶味醇正，好吃。

西五台云居寺
延绵高台上的古老寺院

走进洒金桥，古都大剧院旁边有一条极窄的小道斜伸上去，顺着小道爬几步坡，是一个小小的寺门。

这座寺庙就是西五台云居寺。我小时候，有几年每天都会从寺庙门前经过，抄小路去上学。小时候，我对这座寺庙的印象，就是小。小小的黑色山门，总有几个老太太坐在门口拉着家常，寺庙里的尼姑偶尔也会与她们聊几句。

隐藏在闹市的故事

　　这一次,终于重回这个破旧的小巷,迈过这个现在已变成红色的寺门,走进寺庙里。
　　进了山门,看到介绍的石碑,才知道这里不仅是皇家寺院,还是唐长安城宫城墙遗址。看到这里有点疑惑:遗址在哪里?再细往下看,才知道,就在寺庙之下!唐时宫城墙,由于历代城墙不断倾圮,形成从东至西延绵起伏的五个高台,宋代时在此修建寺庙,根据其地形,称此寺为西五台。(不过,目前只能看到三台。)传说,西五台上空常见祥云环绕久聚不散,所以也叫云居寺。
　　前院里,一群披着褐色袈裟的居士正排成一队,在院子里唯一的树荫下边念经边走着圆圈。我走过第二道门,发现越往后面走,越觉得不虚此行。
　　寺庙坐西向东,拾级而上,一台高于一台。在韦驮殿前,我一边仰望着菩萨像,一边爬上高高的台阶。菩萨面前,供着一个西瓜、一盆馒头、两袋看上去很新鲜的樱桃。这让

我想起在斯里兰卡，那里的人们在早上上班之前，在佛面前供上一碗米饭、一枝睡莲，我很喜欢这样把信仰融入平实生活的小细节。

种植着竹子的庭院里，一字排开摆着一溜儿那种萌萌的小和尚石像，一位居士一边向前走，一边在每个小和尚石像合十的手上，摆上一支香。

没想到外面看上去小小的寺庙，里面一座高台接着一座高台，窄而长，延绵不绝。想来，确实是建在城墙上无疑。

西五台算得上是大隐隐于市的典范。寺内常年有内观禅修课程，只有初一、十五全寺对香客开放，其他日子里，香客只能到最前面的天王殿拜佛。

寺外车水马龙，寺内清静自在。虽然耳边可以听到汽车的鸣笛声，但是闻着花草木香，看着鸟雀起落，还有小猫小狗的身影，身心也跟着平静下来。

左右客茶餐厅

闹中取静，满满文艺范儿

回坊附近可选的餐厅和馆子特别多，美味的吃食让人挑花了眼。如果想找一个幽静整洁，特别适合约朋友聊天，或者只是求得片刻歇息的话，那么这家左右客茶餐厅就显得难能可贵了。

餐厅并不醒目，先找到古都文化大酒店，再往西走上百十米，就能看到左右客酒店的招牌了，进大门直接坐右手边电梯上五楼就到了。也许正是因为不好找，所以餐厅里才有难得的安静氛围，即使饭点来也不用耗费时间等座。

　　但大可不必因为食客少而担心这里的菜品，这里主推的关中陕菜比如袁家村辣子蒜羊血、南门油泼饺子皮、独门香辣豆腐、茴香麦仁、小炒黄牛肉等味道都很地道，大可放心大胆地点菜。他们家也很适合喝茶，我有次和朋友因为在回坊已经吃饱了，但逛得又累又热，于是来这里点了一壶糯米普洱，几杯茶下去，翻完一本杂志，也就恢复了元气和体力。

　　与其他主打陕菜的餐馆或者普通茶馆不同，这里不是中式装修，而是纯正的现代复古风，红砖白灰，再配以棱角圆润的混凝土和水磨石元素，整体设计干净利落，有着欧洲城堡的范儿。

　　哪怕是大厅的就餐区，也做到疏朗而相对独立，极具隐私性。绿植和装饰品的摆位也能看出花了不少心思，体现了建筑风水以及生活美学。人少还有一个好处，就是在餐厅里拍照也基本不会打扰到其他食客，大概是因为餐厅属于楼下的酒店，所以工作人员也都比普通餐馆的服务员更为礼貌得体，看到我在拍照，还主动热情地带我参观他们的包间和露台。

　　其实除了就餐和喝茶，这家的酒店也拥有很好的口碑，特别值得推荐。确切地说，左右客是一个以住居、茶餐为主的艺术主题空间。在酒店装修风格上，以老砖、老瓦、老木料、老石头、老家具、老土布为取材，借材料的质感，畅人文的情感，以"反工业化、反城市化、反现代化"的逆向理念，呈现"新乡土""旧工业"两种怀旧主题和美学主张。

　　"深睡眠、茶生活"，是左右客所倡导的一种生活主张。这种主张的本质属性是慢与静，在迅疾的生命流逝中，慢与静才是享受生活、善待生命的至高之境。能把这种概念扎扎实实落到可以感知的每一个细节上，确实难能可贵。

隐藏在闹市的故事

广仁寺
西安离西藏最近的地方

作为一个土生土长的西安人，我知晓广仁寺的存在，竟也是在大学毕业之后的事了。一方面是因为广仁寺藏身于城墙西北角的小巷子里，另一方面当年资讯的传播也没现在这么发达，所以知晓者寥寥。

当然，这并不是说广仁寺的地位不够高，相反的，自从微博和微信的出现，凭借着燃灯节的盛况和康熙敕建的美名，广仁寺红了好几年了。但即使如此，还是有很多人不知道，

广仁寺竟是全国唯一绿度母主道场。很多青海、甘肃、内蒙古、西藏等地的信众不远千里前来参拜绿度母像,在藏区说起广仁寺也许有人陌生,但提及长安绿度母众人皆知。

清康熙四十二年(1703年),康熙皇帝来陕西巡视时敕建了这座陕西唯一的藏传佛教寺院。康熙皇帝将广仁寺的地址选在城墙内西北角,寓意安定西北,加强西北地区多民族的团结与稳定,并为寺院提名广仁寺,寓意"广布仁慈"。自从建寺以来,这里就成了西北和康藏一带大喇嘛进京路过陕西时入住的行宫,历史上多世达赖和班禅都在此住过,内设有坐床。

作为藏传佛教格鲁派寺院的广仁寺,随处可见藏密色彩,寺庙红色大门的门扣上系着白色哈达,还有蓝色、绿色的经幡,紧接着呈现在眼前的是一座"蒙人驭虎图"的影壁,这是藏传佛教传统吉祥图案。再往里走,藏传佛教的痕迹就愈发明显了,如主殿四周环绕着的转经筒。

　　广仁寺主殿，主位供奉绿度母，西侧供奉文殊菩萨，东侧供奉普贤菩萨。大殿檐下悬挂康熙皇帝御笔"慈云西荫"匾。绿度母为观世音菩萨的化身，广仁寺绿度母像全身绿色，头戴五佛宝冠，身佩各种珠宝，着各色天衣，下身重裙，以示庄严，供座为清代珍贵檀香木。

　　从建筑风格上讲，整个寺院就是一座具有汉族地区寺院建筑特色的藏传佛教寺庙，殿堂雕梁画栋，只不过寺内供奉的佛像、所藏经典、僧众修持都依承藏传佛教。在安静的寺院中漫步，在路过菩提树下时，听到朗朗诵经声，禅意十足。

　　每年的农历十月二十五和农历正月初八是广仁寺最热闹的时候。农历十月二十五是藏传佛教格鲁派创始人宗喀巴大师圆寂日，广仁寺在那天会举办燃灯节大法会，燃灯、诵经、绕寺转塔以纪念宗喀巴大师。农历正月初八则是新春祈福法会，僧人和市民也会点燃摆成各种吉祥图案和祝福话语的万盏酥油灯，许下对新年的美好祝福。

城墙下的
小老弄

每个地方其实都存在『名声在外』的情况,有些看似名不小的景点,还真有当地人从来没去过的。听说过有的西安人没看过兵马俑,也有些则从来没去过陕西历史博物馆,但我还真没听说过有谁没爬过西安城墙的。

西安,这座城

徘徊在西安的老街古巷间

每个地方其实都存在"灯下黑"的情况，有些看似名声不小的景点，还真有当地人从来没去过的。听说过有的西安人没看过兵马俑，也有些则从来没去过陕西历史博物馆，但我还真没听说过有谁没爬过西安城墙的。

因为有城墙才有西安，二者彼此间是无法割裂的。城墙围起了无数街巷，也曾多次庇佑过此地的百姓，伴随着他们成长，也见证了城市的飞速发展。小孩子都精力充沛，我小时候唯一会觉得累的时候就是逢年过节在城墙上看灯展——不知不觉间就走出去七八千米了。

相比大雁塔，同时代的小雁塔低调了很多，两座塔固然在体积上有着明显的差别，但小雁塔所在的园林面积更大，园区里还有西安博物院，重点是还免票。回到城里，湘子庙旁边的德福巷是西安最早的酒吧咖啡馆一条街，每到晚上热闹非凡，回音公园概念书店就藏在这条街的某个支巷里。

从德福巷北口出来向左转，是顽强地存在了很多年的古旧书店，还记得少年时曾在这里的一楼买字帖来临摹，当时并没有发现楼下还有个旧书宝库，那才是这个书店多年来存在的意义。

西安，这座城

小雁塔
空灵钟声，神奇古塔

小雁塔没有大雁塔那么出名，却与大雁塔同为唐长安城保留至今的重要标志。比如说，你也许听说过"雁塔晨钟"是关中八景之一，但你知道这里说的雁塔不是大雁塔，而是小雁塔吗？

南出永宁门不远，便是小雁塔及荐福寺，这是关中八景里离西安城最近的一个。小雁塔名气既不及大雁塔，自然就没那么热闹。不过小雁塔虽名为"小"，所属的荐福寺院落

80

却并不小,里面绿意森森,有大雄宝殿边的几株百年国槐,有爬满爬山虎的小楼"白衣阁",有种着紫藤和牡丹的小院,有许多石雕的老拴马桩,在这里走一走,会有一种格外的悠闲自在。

雁塔晨钟的说法是有来历的。荐福寺的大钟传说铸造于金代,原来放在武功县的崇教禅院,后来禅院被洪水冲毁,钟也失踪了。到了清康熙年间,一个农妇在河边洗衣服,在一块巨石上捣衣时,"石头"发出巨响,声传数里,失踪了四五百年的古钟就这样被发现了。后来,这座钟归于荐福寺。从清代到民国,人们相信只要把心愿写在黄表纸上,再贴在钟上,叩击此钟,就能祈福、消灾、传达思念之情,故而此钟又被称作"神钟"。

每天清晨,荐福寺的僧人会敲响"神钟",清代西安城小,人口不多,没有汽车和工业噪声,悠扬的钟声可以传遍西安城,逐渐成为关中八景之一。可惜现在的城市太嘈杂,荐福寺的晨钟也难以响彻全城了。直到现在,每逢新年,荐福寺都会敲钟祈福,只是敲的已不再是当年伤痕累累的旧钟,而是后来新铸的雁塔晨钟了。

小雁塔原有15层,高46米,通体青砖砌就,塔的外形由下向上逐层收小,整体呈现出圆润流畅的轮廓,被誉为中国早期密檐式塔的典范之作。小雁塔建成千余年,经历了大

小地震几十次，尽管震塌了两层，但塔身仍不斜不倒，保持着唐塔的原貌。

  关于小雁塔最神奇的事，就是明清几次大地震中三开三合。明成化末年长安地震，小雁塔顶上两层被毁，自上到下从中间裂开尺许，透亮如窗户。30多年后关中再次地震，之前震开的那道裂痕竟然又合拢起来了！更神奇的是，这谜一般的"奇迹"后来又出现过两回：明嘉靖三十四年（1556年）地震，塔身被震开，过了8年又一次地震让它合拢无痕；清康熙三十年（1691年）小雁塔第三次被地震震开，康熙六十年（1721年）的地震又神奇地让它合拢。如今小雁塔仅余13层，没有了塔顶，至于小雁塔的塔顶原来是什么样，也就不为后人所知，成为400余年难解的谜。

  走在小雁塔脚下，心不由得静了。我们去的那天，有一群孩子坐在院中写生，在纸上勾勒出古塔的轮廓……坐在古树下，听着响起的钟声，看着园中散步的情侣、扔沙包的小学生、推婴儿车带孩子晒太阳的年轻父母……历史与生活细节在这里默契地融合，有一种很特别的亲切感，也许，这就是西安的奇妙之处。

西安博物院
静看佛祖千年前的微笑

在西安，除了大名鼎鼎的陕西历史博物馆，还有一处地方也可以深入了解古都西安的千年历史文化，那就是西安博物院。西安博物院与小雁塔相连，游过小雁塔后，可以顺着西边的侧门进入博物院院内，不必再次换票。

虽然只一墙之隔，西安博物院的建筑风格、院落样子与小雁塔荐福寺既协调，又有差别。西安博物院的主体建筑是由建筑大师张锦秋设计的，外观以"天圆地方"理念创作，

既有古意，又有现代感，院落更平坦敞亮。

西安博物院收藏了西安各个历史时期的文物13万件，拥有国家三级以上珍贵文物14 400多件，并有相当一部分文物诞生于周、秦、汉、唐等在中国历史上产生过重要影响的朝代。虽然论规模和展品，西安博物院难以和陕西博物馆媲美，但是西安博物院仍然非常值得一看。

除了人少清静这个优点之外（经历过陕西博物馆的人山人海，你才会明白，一个空旷的展厅是有多美妙），最能击中人心的，就是西安博物院的佛教石刻展。

佛教造像展厅是西安博物院的亮点，有近千件佛造像，多为北朝隋唐时期的石刻或金铜作品，应该是西安地区最有分量的佛教石刻艺术展品了。而且，这里展出的佛像石刻均源自城区和周边县区发掘的古寺院，由于西安是隋唐的帝都，因此城区和周边遍布佛教寺院，很多都是皇家寺院，里面佛教石刻均是名匠制作，艺术性不言而喻。其中一尊隋代董钦鎏金造像，更是国宝级文物。

不过，就我个人而言，更加心仪年代久远、线条粗放的南北朝佛造像。北魏时期的佛像，有种特别纯朴、雄浑的感觉，佛的面目没有后世那么精细，却能看得出慈祥和悦的神情，衣纹细密，非常美。一路从北魏看到北周，佛的脸庞渐渐变得更加丰满，工艺也更精细。而到了隋唐时期，排成一排的佛像与观音像，脸上的微笑全都充满喜悦与慈悲，美得好像心都被抚慰了。只为看到这样的微笑，就值得跋涉而来。

城墙下的小巷弄

西安古城墙

古城墙上骑单车，俯瞰西安新与旧

到西安，一定要在城墙旁走一走，一定要在城墙上打个转，一定要在城门洞穿梭几回，体会一种时光交错不知今夕何夕的感觉。

我问过很多生长在西安的朋友，也问过很多从别处来到西安的朋友，大家对西安最初也最深的印象，往往就是城墙。在西安长大的小孩，哪一个没有和同学在城墙下玩过雪、拍过照呢？而从别处来西安的朋友里，总有人会告诉我，第一次坐着公交车穿越城门洞时，

85

心里会涌起无法形容的异样感觉。我也曾坐在夜晚的入学教室里，却出神地看向窗外由灯光勾勒出的城墙剪影，心思不知飞向了何方。

在西安所有景点里，最吸引人、让人想慢慢品味的，必有城墙。

更何况，这座城墙是世界上现存规模最大最完整的古城墙，这是我们西安人的骄傲。西安城墙是在唐皇城的基础上建成的，城墙环于西安城四周，气势不凡。城门四座：东长乐门、西安定门、南永宁门、北安远门。从任一城门都可登楼。最繁华的城墙段当属小南门至和平门段，而最重要的城门则是南边的永宁门。

沿着正门进入瓮城，立刻感觉到与墙外不一样的天地。登上城楼，从城墙上看西安这座城市，一半是古城，一半是现代城，混搭杂糅，尽收眼底。遥想千百年前，城门一关，想入城便难了，而现在，墙内是老街，墙外是高楼，站在城墙上，仿佛能看到时间从这个城市上空匆匆流过，而自己真是微小如尘埃。

城墙上可租自行车，整个城墙长 13 多千米，骑行一周需要两个多小时。绕着西安城飞驰一圈，也是一件快意的事情。如果不想这么累，走一走也是好的，双脚踩在 600 多年的厚实青砖上，好好体会扑面而来的历史感。

每天不同时段，城墙各有其美。清晨可以在此看着城市醒来，听着下面环城公园里老汉吼的秦腔。但更建议傍晚时来，天气好能看晚霞，晚上又能看夜景。你可以看着太阳从天边落下，红灯笼一点点亮起来，灯光勾画出雄伟的城墙轮廓……

湘子庙

闹中取静湘子庙，老西安的悠闲宁静

　　湘子庙深处皇城中心的小巷中，很多当地人都不一定去过。不过要是对历史文化感兴趣，完全可以在逛完书院门或者南门城墙之后顺便多走两步去看一眼湘子庙。因为这几个地方距离非常近，更何况湘子庙不收门票。

　　穿过书院门对面紧挨着南门里西侧的"湘子门"牌坊，沿着不宽但平日里静谧的街道走上100米，面前就出现了这座建于宋代，盛于元明，历经上千年的古老庙宇。这里传说

是八仙之一的韩湘子故居，所以虽然叫作"庙"，但其实是为纪念韩湘子而建的全真道观，在这里看到道士或者道姑也并不奇怪。

全国的湘子庙有10多处，西安的这座湘子庙是韩湘子出家之地，所以历代以西安湘子庙为湘子文化的发源地。现在湘子庙的格局定于明代，自明末到民国初，湘子庙一直香火鼎盛，后经战乱，其殿堂或被占或遭毁。后来在2005年按湘子庙的原貌进行了修复。

一进庙门的大影壁上，雕刻着"一脉道源"4个大字，绕过影壁的背后，是一幅砖雕五蝠献福图，自然是取其吉祥之意。进门后还能看到一个展示牌，上面画了一个可爱的小道士，演示了道教"一礼三叩"的礼仪。

进院之后可以看到一口"香泉"井，相传是韩湘子为解救当年长安百姓无甜水喝而设立的，井口雕刻着八卦图案。庭院里有两株很大的槐树，据记载湘子庙内原有两株宋槐，

可惜已被砍去。现在的这两株洋槐，是后来在原处补栽的。

道观共有两座大殿，前殿是灵官殿，供奉的神仙是道教护法神王灵官、主管婚姻的月老、主管交通的马王爷。后院正殿是湘祖殿，供奉的神仙为湘子祖师、慈航真人、文昌帝君、武财神关帝神君以及药王孙思邈。

在"备战备荒""深挖洞"的年代，人们在湘子庙内挖防空洞时，曾挖到一暗室，约6平方米，高近2米，人可直立。曾有人考之，疑为韩湘子修行时所建的地下密室。

坐在院子里，有偷得浮生半日闲之感，确实是个在闹市之中放空心灵的好地方。走出湘子庙，周围是绿树覆盖蔓延的幽静街区。如果说书院门充满了浓郁的书香气的话，那么湘子庙街就充满了清淡休闲的茶香味道，四周散布着大大小小的充满文化气息的茶社和各类展出画廊，历史与现代、东方文化与西方文化在这里完美结合，相得益彰。

赵记绿豆馅饼素斋

新鲜出炉的绿豆馅饼

赵记绿豆馅饼算是西安的网红级点心。西安的网红食物画风一贯清奇,与许多城市以卖相和店面风格抑或新奇的营销手段红起来的网红美食不同,西安人实在,最认的还是味道。

这家店稍微有点难找,需要往老式小区的院内走进去一些。好在本来就是要在老城区散步,寻一下这个藏得隐蔽却生意超好的点心店,也不失为旅行乐趣之一。

赵记饼店以前只是个小小的家庭作坊,后因大受欢迎,盘了更大的店面,也重新装修过,但仍是完全不网红的简单传统风,显得古朴整洁。一进门,柜台后面的大簸箕里堆着

烤好的绿豆馅饼,旁边有木头条凳供客人等候。做绿豆馅饼的房间就在隔壁,透过老式雕花木门,便能看到穿着洁净工作服的阿姨们团团围坐,有条不紊地包着馅饼。纯手工,不用打招牌,一看便知。这场景不由让人想起小时候过年之前,奶奶做各种面点的样子。

赵记绿豆馅饼据说是西安最好吃的绿豆馅饼,前些年还没升级店面的时候,想吃到一口这绿豆馅饼还得提前打电话预订才行。现在好多了,虽然最畅销的黑芝麻馅绿豆馅饼仍然要预订,但至少当你偶然散步而至,基本上都能买到,不至于空手而归。

当然,最好能赶上刚出炉的,他家的回头客里,有很多人坚称没吃过刚出炉的就不算尝过绿豆馅饼。刚出炉的绿豆馅饼,热乎乎的,带着余温,马上咬一口下去,唇齿留香,味蕾得到极大的满足!不过话说回来,即使没赶上刚出炉的也不用遗憾,反正店里的饼都是很新鲜的(毕竟他们家卖完一炉的速度实在太快了),带回去冷藏了再吃,别有一番风味。

赵记绿豆馅饼属于第一口下去并不惊艳,吃过了之后就会记住的点心。最特别的是内馅,纯绿豆磨粉做成的馅特别绵软细腻,绿豆的清香突出,微甜不腻。外面的酥皮又极薄,入口即化,口感好得简直不能再好。特别要推荐山楂绿豆馅饼,绿豆馅饼原本的清香中,多了一丝山楂的酸甜,吃了简直让人心情飞起来。

熟悉这家店的客人都知道,赵记绿豆馅饼永远现烤现卖,不卖隔夜货。而且虽然营业时间到6点,但下午4点左右后厨就不再制作了,所以去晚了很可能会扑空。某个下午,我们打包了原味与山楂味的馅饼要走的时候,见有熟客冲进来劈头先问:"是不是卖完了?"看来"下午5点就会卖完"的说法并不是谣传。

西安，这座城

陕西巷子老菜馆
有创意的陕菜

在西安，如果要请外地朋友吃饭或者品尝本地美食，可能多数人会选择回民街。虽然回民街够出名也够特色，但毕竟以小吃和主食为主，菜的选择很少，而且也不能喝酒。

所以，陕菜馆子也是一个很好的选择，而要找到一个既保留了传统味道，菜式又有创新的陕菜馆子就不太容易了，陕西巷子老菜馆就是其中一家。

虽然这家店的门脸很小，一不留神就会走过了，但是人气一直很旺。与其说陕西巷子是陕西小吃的聚集地，还不如说它是以怀旧为特色的主题餐厅。他家虽然是主打陕菜特色

的小店，但是在菜品的创新设计、器皿的时尚外形、精美的摆盘模式上下足了功夫。例如，烤地瓜则烤成汉堡的外形、葫芦鸡放在木质的葫芦状器皿中、醪糟烤苹果的摆盘设计等，这也正迎合了年轻食客的饮食和消费习惯。

店铺在二楼，沿着狭窄的楼梯走上去，进到装修古朴的店中，给人别有洞天的感觉。古色古香的就餐环境和飘着香气的西北菜，一进门就把人拉进了原生态的老陕文化里。

来这儿必点的菜首选老陕葫芦鸡，几乎每桌能见到。葫芦鸡选用三黄鸡为原料，经过精密的四道传统工序烹制而成，外焦里嫩，一撕就骨肉分离，鸡皮脆脆的香酥可口，葫芦形状的器皿很是上镜。

传统什锦暖锅也很有群众基础，浓郁的土鸡汤底很适合天冷的时候吃，内里材料十分丰富。土陶锅是最古老的加热器皿，保鲜和保温的功能非常强大，炭火在中心慢慢烤热，菜和肉的香味一点点扩散开来。

凉菜里筋道的黑麦擀面皮也非常特别，作为一个老西安，我还是在这里第一次吃到。烤苹果配醪糟是很有创意的餐后甜品，洛川苹果掏空后里面加上干醪糟上锅蒸制，放凉以后上桌。水果里面浸入了酸甜的味道，女孩尤其喜欢。

唯一要吐槽的是来这里吃饭，要么提前预订，要么尽量避开饭点，因为这家店地方小桌子少，等座会花去很多时间。

西安，这座城

西安古旧书店
旧时光，慢慢淘

其实，无论读书还是读屏，无论人在书店、书房还是咖啡馆，最重要的事情就是阅读本身，阅读让你拥有丰厚的学识，让你能够坚定立场与方向，让你在得失聚散面前懂得静水流深，用阅读致敬生活。

阅读还在纸张时代时，判断一座城市的文化修养，就看这个城市的书店和报刊亭。在我们的印象中，台北的诚品书店、北京的三联书店、成都的方所书店……这些已经成为所在城市除了高楼大厦外的另一种代言。其实，在西安我们也有很多值得邂逅和体验的书店。每一个书店的背后，都站着一个你看不见的"它"，让这座城市充满着温度、温情和内涵。

　　每家书店都有自己的气质，就像每个读书的人背后都有一段故事。西安古旧书店很有年头，开在粉巷上市委的对面，市委居北，古旧书店居南。西安古旧书店静静地蹲踞在那里，优雅而朴素。

　　古旧书店门脸不大，有三四间铺面那么大，中开一门，门头高悬一匾，上书由鲁迅先生题写的店名：西安古旧书店。黑底金字，和房屋上的青色小瓦搭配起来很协调，显得典雅而庄重。

　　书店分为上下两层，一层售卖一些字帖、名著，我上小学时练了几年书法，也曾在这里买过字帖。那时候古旧书店的门面，像电影里看到的铺面一样。白天开门时，会一叶一叶地卸下来，到了晚间，又再一叶一叶地拼上去。

　　古旧书店的核心还是在楼的负一层。沿着楼梯往下走，楼梯间里悬挂了一些西安的老照片，负一层售卖的是旧书籍，各种线装的老书、古书还有一些民间搜集的各种书籍和旧杂志。那些线装书，特别是蓝色的整函整函的套装书，摆成一层一层的，尤其显得古色古香。当然也有一些破损的古旧书，有的是不成套了，有的是有残损，不过，这才算是真正的"古旧"书店呢。

　　来古旧书店的人大多是慕名而来，古书、线装书、孤本、字帖等是古旧书店里除了文、史、哲三大类书籍之外，最醒目也最深沉的书。在这里要慢慢看、慢慢淘，虽然现在一个手机或者平板电脑就可以随时随地搜到很多新书，但古旧书一方面极难找到电子版本，另一方面带着时光痕迹的纸和旧书特有的油墨味道，读起来才更有感觉。

西安，这座城

五星街天主教堂
300多年前就玩混搭的美丽教堂

徒步逛西安城是件有趣的事，不知不觉就会发现很多散落在简陋小巷里的美丽建筑，五星街天主教堂是其中最特别的一个。

西安的教堂并不多，其中五星街天主教堂最为出名。为什么？因为美，它被称为西安最美的教堂。

西安的古迹虽多，老式的西洋式建筑却很少。所以五星街天主教堂在西安城中，乍一看风格与周围建筑差别很大，但多看几眼，又有种奇异的和谐感。

　　五星街天主教堂也叫方济各堂，因它地处西安城区西南隅，与城北边的糖坊街天主教堂相对，人们就把它简称为"南堂"。五星街是条很小的街，就因这天主教堂才出名，这样的小街藏在西安老城区里，还真挺难找的。正街上商业店铺变化万千，五星街这样的老街却几乎没什么变化。与这低调的街道一样，五星街天主教堂也不算出名，也非旅游景点，甚至不少西安人平时也未来过。

　　但它还是很有历史的，始建于清康熙五十四年（1715年），曾是天主教陕西总堂。1883年进行了扩建，教堂以罗马风格与中国宫殿式风格混搭，中西合璧却又十分和谐。

　　教堂虽然很小，但还是很美的。正面看，是很欧式的巴洛克建筑风格，高17.45米，火焰顶，其下面每开间两侧并立两根罗马式花岗岩柱，高3.5米，柱座、柱顶都有浮雕花卉。但转到侧面，你会看见东西屋顶却是中国硬山式。

　　如今这里是天主教西安总教堂，陕西和西安天主教爱国会都设立于此。虽然有点古旧，但宗教场所特有的肃穆与壮丽感反而被岁月衬托得更突出。

　　走进教堂，内部的装饰也是混搭：有耶稣和十字架，有彩绘的圣母像，也有中式的雕梁画栋。外面街道喧嚣，走进去却感到庄严宁静。长椅上有人做着祷告，四周就是居民区，因为不是旅游景点，所以没有繁华纷扰。这里没有太多的故事，却有一份恬淡。

在古城里赏樱

这片区域基本集中在城墙以东、二环以内，整个西安城最漂亮的樱花、芍药和郁金香都集中在这里。

西安，这座城

淹没在樱花烂漫中的西安

4月初樱花开放,最适合赏花游玩,樱花盛开时的青龙寺与平时相比是完全不同的另一种景象。

当然,可以想象那个时段也是以樱花出名的青龙寺最喧闹的时候。但是也不用特别介意有没有赶上那个时间点,毕竟这里还有不少并不受季节影响的地方。

就像永兴坊,不管什么季节都有能满足你口腹之欲的地方小吃。相比回坊,这里是新建成的仿古街区,逛起来更敞亮一点,售卖的吃食都是陕西范围内列入非物质文化遗产名录的小吃,绝大多数是汉族食品,不用担心吃不惯牛羊肉的问题。

罔极寺和万寿八仙宫,都属于只有真正的老西安才会去的地方。尤其是万寿八仙宫,一来是旁边的古玩市场,虽然不大但是最有年头,喜欢收藏的人会去那里淘货;二来是据说那里许愿特别灵,所以香火自然也很旺。

都知道西安的大学多,那么多学校里声名最盛的当然是西安交通大学了,位置也好,老校区就在兴庆宫公园的正对面。学校里也难得保留了不少建校时就存在的大树和建筑,图书馆周边一圈集中了不少樱花树,它们的树龄之老和树冠之大都不输于青龙寺里的樱花树。

而兴庆宫公园,更是保留了无数西安孩子的宝贵记忆。在湖上划船、在大松树上攀爬、用裤子给沉香亭台阶旁窄窄的石头斜坡抛光……那时候我们可不知道这里原来竟是唐玄宗李隆基和他的爱妃杨玉环长期居住的地方。

西安，这座城

青龙寺
每年樱花盛极一时

说起青龙寺，就要先说说乐游原。"向晚意不适，驱车登古原。夕阳无限好，只是近黄昏。"大家从小就会背的这首李商隐的五绝，讲的就是唐时长安城的最高点、登高览胜的最佳景地——乐游原。

乐游原在长安城东南，是一块比城里稍高旷的台地，在秦汉时就被开发成林苑，到了唐代更是一方名胜。这里视野开阔、地势宽敞，当时长安城中无论达官仕女还是平民百姓，都最爱来这里踏青，登高远眺。

  现在的乐游原，自然远无当年的盛况了。但是，这里仍有青龙寺遗址和青龙寺那每年春天盛开的樱花。

  青龙寺，又名石佛寺，佛教八大宗派之一密宗祖庭，亦是日本佛教真言宗祖庭。坐落在乐游原上的青龙寺，现在为人所知的，就是寺中广植樱花，花季时极美。其实近年来西安曲江及乐游原一带的行道树多植樱花，看到樱花的机会还是挺多的。只是街道上的樱花种类比较单一，而青龙寺的樱花种类更多，也更成规模。在3月到4月的樱花季里，早期的彼岸樱、八枝垂樱、野生樱、染井吉野，中期的一叶、杨贵妃、郁金、松月，晚期的普贤像等十几个品种的樱花依次开放。爱樱花的人春天只去一次青龙寺是不够的。

青龙寺极盛于唐中期，当时盛名远播海外，许多外国僧人前来学习，其中以日本的空海法师最为有名。空海法师回到日本后，在奈良东大寺建立了日本的密宗——真言宗，成为开创"东密"的一代宗师。因此，青龙寺便成为日本佛教真言宗的祖庭，是日本人心中的圣寺。

1982年，西安市与日本四国地区政府和民众共同在青龙寺遗址上修建了空海纪念碑、惠果空海纪念堂。1983年又建成了青龙寺庭园。如今青龙寺中11个品种的近千株樱花，就是由日本各界友好人士于1984年捐赠的。

每年的樱花季，青龙寺内总是人流如织。这里的樱花树特别多、特别美，又有历史典故加持，特别吸引人。樱花季的青龙寺，会让人有一点身处日本的错觉。不仅抬头仰望到处一片樱花色，低下头整个寺庙的地上也铺满了花瓣。

除了观赏樱花，也别忘了，在现在的青龙寺旁边，就是唐青龙寺的遗址。虽然只有地基的部分，但仍然推想得出当年青龙寺的盛况。与樱花庭院中满满的人流相比，遗址处几乎没有人踏足。在这里走一走，遥想当年，不失为一件有意思的旅行经历。

西安交通大学

深呼吸青春空气

每年3月底4月初，西安交通大学校园里樱花盛开。虽说不比武汉大学樱花全国知名，但西安交通大学在西安还是与青龙寺一样享有盛名的赏樱之地。在许多年轻人的心中，西安交通大学的樱花美景早已成了春天的"必修课"。

与一到樱花季就熙熙攘攘的青龙寺相比，西安交通大学校园的好处就是人没那么多，地方也够大，不用担心拥挤。而且，校园里总有一种特别的活力，充满人文气息，能让人心情放松。

　　西安交通大学的樱花集中在环绕图书馆的樱花大道上。长长的一条路，缓缓走过去，头顶就是粉红云朵一样的繁茂樱花，有的人还在树上系上了祝福书签。特别是近逸夫工程馆的位置，几株樱花树极粗大，一看就是有年头了，树树繁花怎么也看不够。

　　在樱花季，校门口还有专门的樱花章，可以盖上西安交通大学标志。如果去得巧，可能还会遇到正在cosplay的美女和帅哥。

　　当然，除了樱花季，其他季节的西安交通大学校园也值得在里面散步片刻。西安交大是1955年由上海交通大学迁来的，现在校园里很多建筑都还保持着20世纪50年代刚建成时的风貌，树木也是当年种植的。比如路旁的法国梧桐，一人环抱不过来的比比皆是，每到夏天，整条道路都藏在树荫下。而到了秋天，宁静阳光里金色落叶纷飞。每个季节，这座校园里的景色都让人印象极深，特别适合拍照！

风车与矛咖啡馆

校园里的堂吉诃德

"风车与矛",光这个名字,就足以吸引人走进这家咖啡馆里面坐坐了。

这家咖啡馆开在陕西理工大学校园内。从陕西理工大学的南门进去,右拐,能看到小小的灯牌,向前走,你很快会看到墙上的大幅涂鸦。这是青年艺术家黄建利绘制的长达20米的墙绘,笔触极细,是欧洲老式书籍里版画插图的风格,每一幅画的主角都是风车

与矛的精神象征——理想主义者堂吉诃德。看完墙上的画，转过身来，向下看，你会发现咖啡馆是半地下的。

咖啡馆的装饰风格简简单单，有种明快的空间感。因为开在校园内，这家风车与矛的咖啡价格特意定得特别实惠。蛋糕甜点的种类不多，却胜在精致。

这家咖啡馆有一位十分有气质的老板娘——蔡音，她是个咖啡迷，也喜欢阅读、讲座、摄影、手工等充满生活情趣的事，于是风车与矛就成了梦想的乐园，蔡音把她喜欢的所有东西都一股脑地放了进去。

同时，她希望风车与矛不仅是间咖啡馆，而是一个能传播有价值的文艺、思想理念的平台。毕竟，风车与矛这个名字就是来源于理想主义者堂吉诃德的故事，风车指代现实，矛意味理想。

蔡音始终觉得咖啡馆中的人比咖啡馆本身更重要。"我们希望尽可能地延伸风车与矛的空间价值，让一些志趣相投的人共谈有趣、有料的话题，同时享受一杯美味的咖啡。"

于是，人们看到的风车与矛常常是这样的：墙外蔷薇花开，猫儿在觅食，馆内读着《麦克白》，馆外是一场小型演奏会……

这是一间咖啡馆，又不只是一间咖啡馆。虽然你很可能只是匆匆路过，甚至并没有遇到一场有趣的活动，但这样一个有志成为灵感萌发地、生活试验场、艺术游乐园的诚意咖啡馆，始终值得来坐一坐。

兴庆宫公园
唐时遗址 VS 童年记忆

兴庆宫公园就在西安交通大学对面，只隔一条马路。它作为一个公园，算相当有特色了。

说起兴庆宫，大有来头。它是唐代著名的宫殿，原是李隆基作为皇子时五兄弟居住的旧宅。1958年，为配合西安交通大学西迁，在唐兴庆宫遗址上建成兴庆宫公园。公园由兴庆湖及沿用唐代旧名的沉香亭、花萼相辉楼、南薰阁等组成。湖心岛上的沉香亭也是仿唐建筑。

不过，来头再大，西安人对它的印象仍然只是一个公园，一个曾经西安市内最大的公园，一个小时候每年总会来几次的地方。

关于兴庆宫公园有一个"秘密"，沉香亭台阶旁边的青石曾经光可鉴人，这是多少代西安小孩的屁股打磨出来的。但现在你不会再看到这一"景"了，因为园方在台阶边的斜坡处都加上了石头扶手。这当然是出于文明与安全的考虑，但作为默默见证过这一"奇观"的人，心中还是会有点若有所失。

与已消失的沉香亭"天然滑梯"相比，已在公园里存在了50多年的大象、小象滑梯就幸运多了。虽然旁边儿童游乐区的设施不知更换了多少代，但它们俩仍然被孩子们深深爱着。这对母子滑梯建造于1964年，整体是钢筋水泥，表面用了水磨石打造，50多年过去，不仅依然结实，还有种特别质朴的复古美。不知道陪在旁边的年轻父母会不会告诉自己的孩子："我小时候也滑过大象和小象！"

兴庆宫公园虽没有成片的樱花，却有牡丹、芍药和郁金香，其中郁金香最吸引人，各色郁金香连成一片花海，极美。尤其是黄色的郁金香，天气晴好的时候，看起来就像盛满阳光的金色高脚杯，怎么也看不够。

万寿八仙宫

号称许愿最灵验

在西安东关有一座举足轻重的庙宇，就是始建于宋朝的道教主流全真派十方丛林——万寿八仙宫。

西安人习惯把万寿八仙宫叫"八仙庵"，长年改不了口，而且每个西安人几乎都是从小就知道"八仙庵许愿特别灵"！甚至有人说，西安的高中生如果高考前不去八仙庵许个愿，那简直就不知道怎么参加高考。

八仙宫离兴庆宫公园不远，可以慢慢散步过去，这一路都是老旧又热闹的街巷。路上你可能会经过各式小吃店、排长龙的平价面包店、卖新鲜蔬菜水果的摊子……当你看到越来越多的香烛店、古玩店，而且路边时不时会有人神秘地问你要不要算个卦时，就可以确定已经接近八仙宫了。八仙宫外长年驻扎着若干位算命先生，如果你对这一行当很好奇，又酷爱与人交流，倒可以试试看。

八仙宫山门外的石碑上刻有"长安酒肆"，另有说明"吕纯阳先生遇汉钟离先生成道处"。传说这里便是汉钟离点化吕洞宾的地方，吕洞宾成仙后，还多次在此显化，所以这里被视为道教仙迹胜地。

北宋时以唐兴庆宫的局部修建了八仙庵，供奉东华帝君和吕祖。后经历代翻修，逐步成为道教全真派十方丛林。八国联军攻打北京时，慈禧太后携光绪帝在西安避难，拨了1 000两白银命当时的住持重修八仙庵，并赐名"敕建万寿八仙宫"，"八仙宫"之名由此而来。

　　八仙宫现存殿堂建筑为明清后所建，殿堂布局严谨。山门内，钟鼓楼分列左右，中轴线分布着灵官殿、八仙殿、斗姥殿，东侧有吕祖殿、药王殿，西侧有邱祖殿、住持室，东西两侧殿堂自成院落，称东跨院、西跨院，另外还有风景幽雅的西花园。八仙宫是西安市现存最大最完整的一座道观。

　　每逢农历四月十四、十五、十六，八仙宫都要举行一年一度的庙会。每年农历九月初九重阳节，八仙宫都举行盛大的道场。更有许多西安人习惯每年春节时去八仙宫烧香。这些时候，观内自然人满为患。

　　不过，如果找一个普通工作日闲晃进去，就会看到八仙宫清静的一面。庭院中有高大的银杏树，阳光透过扇形的叶片，树叶绿得极为透明。树丛边不知为何聚集着一团团极小的飞虫，慌乱如浮尘般飞动。这情景在八仙宫中，也显得充满了玄机。

　　平时虽然游人并不多，倒也偶然会看到一两个高鼻深目的年轻欧美游客，在院中慢慢地闲晃，过一会儿又盘腿坐在花园长椅上，闭目入定起来。"真是会玩！"让人不禁在心里感叹。

西安，这座城

罔极寺
无尽静谧的唐朝古寺

很早以前就觉得"罔极寺"这个名字特别好听。后来才知道，这座寺是太平公主修来为母亲武则天祈福的。"罔极"二字来自《诗经》，"罔"是没有，"极"是尽头，"罔极"就代表对母亲的牵念无穷无尽。

罔极寺在东关炮坊街里。炮坊街是条窄小的巷子，路边有破旧的老家属院、卖菜的、门头简陋但开了多年的小吃铺。罔极寺的山门又小又旧，一点也不起眼。门口立着两只石

兽,都只有一只脚,脑后长长地凸出一块发髻似的角,表情也憨直得很。一看就知道它们应该有年头了,头顶被不知多少人抚摩得特别光滑。但后来查过资料吓一跳,没想到它们竟这么古老:罔极寺唯一的唐朝古物,古称"獬豸",俗谓"独角兽",镇寺之宝。但就这样平平常常地立在门口了。

罔极寺始建于唐神龙元年(705年)。寺院建好后,太平公主也曾在此长住,以寄托对母亲的哀思。作为皇家寺庙,罔极寺曾盛极一时,史载"穷极华丽,为京师之名寺"。如今,这个净土宗祖庭之一的寺庙就这样安静地隐身于市井民居之中,不复当年繁盛,却有一种"大隐隐于市"的味道。

走进小小山门,里面非常幽静。虽然院落不大,但仍然有着传统寺院"重重院落,层层殿宇,曲径回廊,雕梁画栋"的风格。三进院子,方方正正,却总给人一种玲珑之感。寺中一角饲养了五六只孔雀,孔雀为佛家圣鸟之一,出现在这里倒也不稀奇。依稀记得几年前罔极寺的孔雀不知因何自己飞出寺墙,落进旁边的老式居民区里,市民惊讶之余还把这事报给了本地人常看的电视新闻节目,成了一条有趣的小新闻。孔雀笼旁边种着樱花、

花季时可以看见樱花与孔雀绚丽的羽毛交相辉映。

  罔极寺给人最大的感觉，就是"静"。不是纯然地安静或者清静无人，而是一种能让心安下来的静谧感。走一圈，游客极少，寺中走动的几乎都是居士或信众，多是略有点年纪的女性，举止自在从容。

  走到最里间的佛堂，供着一尊高大的木质千手观音，非常质朴，又非常庄严、非常美。

  有位在西安长大的民谣歌手蒋明，曾经出过一张名字叫《罔极寺》的专辑。取这个名字，就是因为歌者幼时的经历。蒋明说罔极寺曾被改为幼儿园，而他就是这所幼儿园的孩子，在生命之初受到这座古老庙宇的庇佑。"佛和我都住在罔极寺里，他千岁，我3岁……大雄宝殿是卧房，佛像不毁，披红挂绿着，殿内一溜整齐的床榻，睡下去迎面而来是佛祖俯视人间的目光，这目光注视了我3年，我固执地记得我们眼神之间的光线清澈透明，与墙外灰色的世界隔着遥远又生涩的距离。"

永兴坊
一站吃遍全陕西

如果说，回坊是西安清真美食的聚集地，袁家村是地道关中农家饭，那么永兴坊则是汇集了陕西各县市的独特美食，其中有很多别说是远来的游客，即使是西安本地人，也不一定吃过。

永兴坊是城中比较新的传统美食街区，这么说大概有点拗口，但确实如此。它 2014 年才开业，却是在唐朝魏徵府邸旧址上，按唐长安城的 108 坊的建制仿建的。

这个人气正越来越盛的新景点位于东新街中山门里,东临顺城巷,紧靠城墙,距离吃货们熟悉的东新街夜市仅有几步之遥,是闹市中的幽静之处。这个地方以前俗称"鬼市",是著名的旧货交易、古玩市场。但鬼市现在已不再,变成了明清风格的仿古"坊、肆"建筑群,清一色青灰古砖,枣红色门柱窗棂,图案精美的砖雕、月牙门、古戏楼一应俱全。里面主要展示的,则是陕西省境内的非物质文化遗产——美食文化。

虽然一到饭点熙熙攘攘,有点知名景区的意思,但永兴坊里的美食档倒真是货真价实的陕西各地传统美食,确有特色,很值得一尝。比如"三原老黄家",在当地就是响当当的老字号名店。入驻永兴坊的餐饮店,必须是制作技艺被纳入非物质文化遗产名录的美食,或者当地有名的美食老字号。永兴坊里分关中、陕南、陕北三个区域,有各地耳熟能详的经典小吃,还有手工民俗技艺表演、民间食品加工作坊演示。

永兴坊中的美食,除了味道好之外,有些还颇具形式感,比如说"摔碗酒"。薄薄的陶碗,

盛着桂花香的米酒，酒并不烈，但一口喝完，再举碗摔将下去，这个形式感却豪气得很，墙角堆着小山般的碎陶片，大家排队等着喝酒摔碗，每个人摔完碗后表情都特爽。

再比如彬县御面，它和凉皮十分相似，调味上也很接近，但是特别在做法有趣，是把面先做成粽子般的一大块，再用专门的工具，一薄片一薄片地搓下来，这个过程还能亲自体验。

还有陕南老井冰糕，装在陶罐里，只见罐口冒出缕缕白烟，盛出来是浓浓奶味、冒着烟的冰糕，吃一口，再稍微哈口气，白色的烟雾会从鼻子嘴巴里冒出来，秒变上仙！

吃吃玩玩一大圈，又回到永兴坊门前，这里有几个不同颜色的金属雕塑十分醒目。虽然都是汉字，但却不知道什么意思……别怀疑，这些就是西安方言中特有的词汇。不会念没关系，雕塑上都有个按钮，按一下，雕塑下方的音箱立刻会播放出这句方言的读音、英文读法、详细出处和用法。比如说"嘹咂咧"（liao za lie），意思是"好得很"……

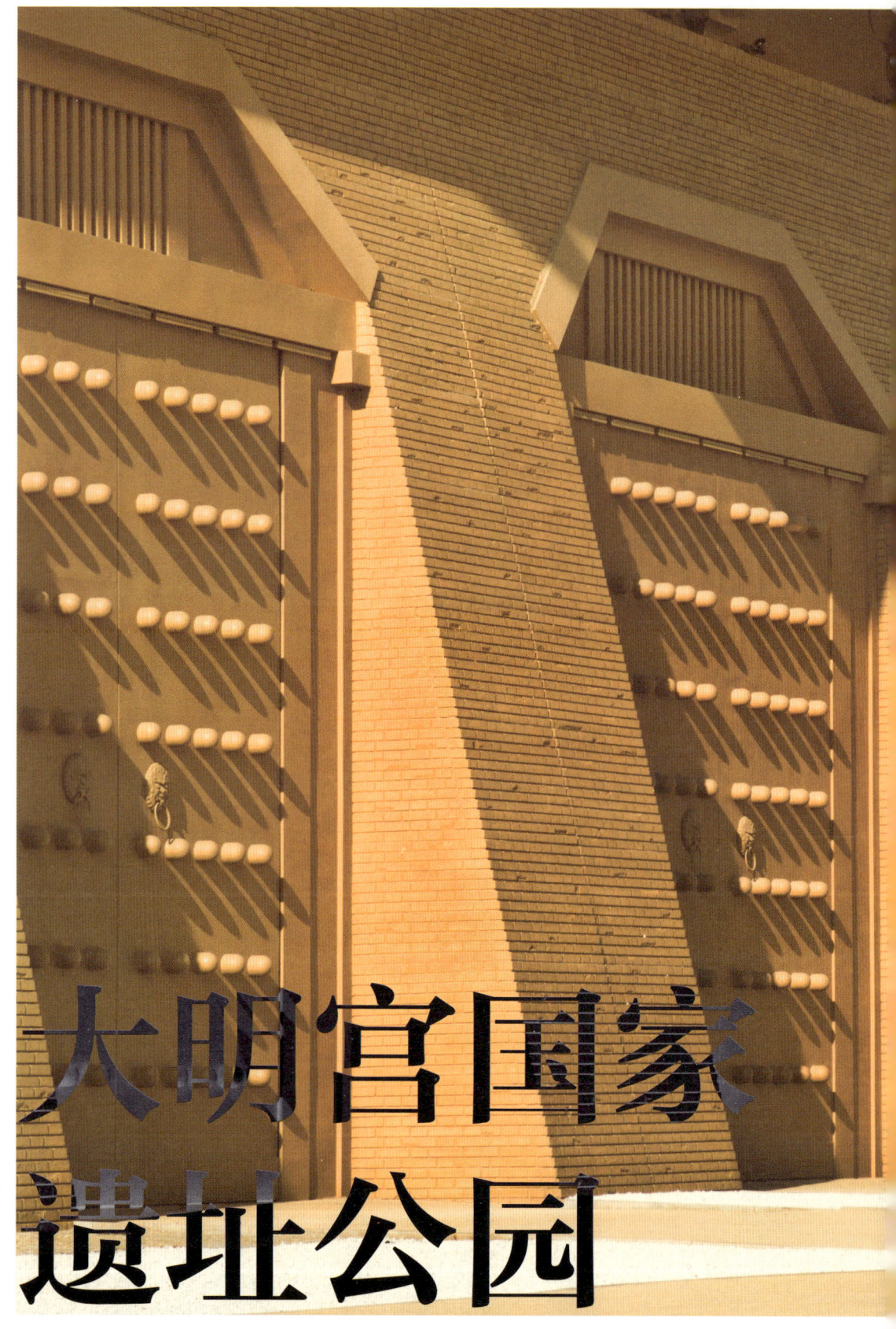

说实话，要是在2011年以前，这片区域除了含元殿遗址这一处特别低调的景点之外，实在找不出其他值得花时间停留的地方。很简单，当时还没有大明宫国家遗址公园，这一大片区域曾经遍布城中村、棚户区和仓库厂房，那些唐代声名赫赫的宫殿和城阙的遗迹，被垃圾堆、民房、厂区所挤压和侵占，实在看不到什么养眼的画面。

梦回盛世唐朝

　　有的人爱大明宫爱得要死，即使是在比如今闭塞很多的 20 世纪 80 年代，也有很多日本游客专门前往被城中村所包围的含元殿遗址朝圣。当然也有不少人对历史和文化没什么兴趣，但如果你都选择去兵马俑了，那大明宫也不应错过。

　　虽然现存的遗迹基本上只剩下夯土台基了，但借助园区里的文物、模型以及最新的多媒体技术和展示手段，完全可以在脑海里构建还原当年前无古人的盛景。

　　至于大华 1935，颇像东郊的半坡国际艺术区，是借助老厂房改造的文化创意产业园，但这里距离城区更近，在风格上也更小清新和亲民一些。园区里的大华工业遗址博物馆并不是我最初想象中的一个老厂的企业文化和历史展示而已，而是一面很好的镜子，可以清晰地窥见那些旧时代里动人的细节和故事。

大明宫丹凤门遗址博物馆

丹凤门——都城门阙之冠

如果去了大明宫,切记一定要好好看看丹凤门,不然会留下遗憾,而且看过后对唐朝的伟大会有更直观和深刻的理解。

丹凤门厉害在哪呢?它是人类创造的杰作,作为大明宫中轴线上的正南门,东西长达200米,共开五孔门道,门道各宽8.5米,道中设石门槛。自建成之日起,丹凤门就成为

唐朝皇帝出入宫城的主要通道。它的地位之尊、规模之大、门道之宽、马道之长，均创历代都城门阙之最。

丹凤门上建有门楼，当年皇帝登基后多在此门楼宣诏大赦天下，有时也在此举行册封、受贡等朝会活动，同时也是举行国家庆典、颁布重要法令、接见外国使臣、接受百官朝贺的重要场所。可以把丹凤门理解为唐王朝的皇权象征。

宏伟的门楼早已不存，只能借助在原址基础上复建的这个博物馆来想象了。建筑大师张锦秋在设计丹凤门时，也特意只采用了与夯土遗址同色的淡棕黄色作为丹凤门唯一色调，显示了新建筑与遗址之间的一脉相承。

夏日正午的阳光耀眼极了，照在丹凤门淡棕黄色的城墙上，瞬间光华照人，十分威仪。当真正站到这座按照1∶1比例重建而起的，当时世界上唯一一座"天子五门道"的巨型城门面前时，让人恍惚间仿佛穿越了时空，耳边似乎听到了战马嘶吼、鼓乐齐鸣。

从侧面进入博物馆，门口牌子上注明"每日限2 000人，一次进入50人参观，每次间隔15分钟"。沿着自动扶梯上到2楼，可以俯瞰到实实在在唐朝时的丹凤门土坯基座遗迹。眼前这点遗迹虽然看似残破，但实际上无比珍贵，借助2005年考古工作者对丹凤门遗址的全面发掘，我们才得以依稀重窥当年的胜景繁华……

西安，这座城

大明宫考古探索中心
考古学家是如何炼成的

什么是考古？怎么进行考古？很多人对考古有兴趣，但根本没有任何概念。外观看起来很像仓库的大明宫考古探索中心就是解答这些疑问的，这里原本真的是一间工厂的仓库，遗址区保护工程实施后，就把原有的建筑改建成考古探索中心了。

这里也不难找，毕竟含元殿遗址那么大那么醒目，找到含元殿遗址，就能看见西南侧的大明宫考古探索中心了。这里将考古学与考古知识通过实物展示、声光电多媒体展示以

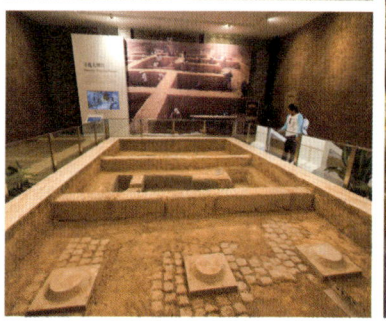

及观众互动等多种方式，趣味横生地展现了考古学的持久魅力及考古作为一种兴趣爱好、一份事业和一门学科而独具的吸引力。

  大唐曾经的繁盛虽已逝去，但来到这里，我们还是可以感受当年大明宫的繁华。大明宫考古探索中心里循环播放的纪录片，讲述了兴建这个遗址公园的故事，让我们知道每个宫殿遗址的呈现，都有极为细致的讲究。通过生动的 2D 和 3D 技术，对考古学的细节几乎一无所知的我，也可以亲身体验文物修复的乐趣。

  整个考古探索中心分为 4 个室内展厅、户外活动区和影院 3 个部分，我觉得最有意思的还是第四展厅。这个展厅里不光介绍世界文化遗产，展示文物修复的真实场景，还有拓片体验区。

  制作拓片是使用宣纸和墨汁，将碑石、器皿上的文字或图案，清晰地复制下来的一种传统手艺。对这门手艺，了解的人寥寥无几，能动手的更是少之又少。而我们可以在这使用专业工具，在复制碑石上亲手制作拓片，充分体验这种传统手艺的乐趣。

  其他的互动体验还有巧解鲁班锁、智拼宴饮图、修复古陶罐等游戏，在真实沙坑中模拟考古现场探秘也很过瘾。在户外的陶艺展示区，还能亲自参与制陶过程。我去的那天有遇到整个班级的小学生来参观体验，孩子们在玩得不亦乐乎之余，想必会对考古工作和大明宫有更深一步的了解。

西安，这座城

含元殿遗址
回望千宫之宫

参观完丹凤门遗址博物馆后，向北沿着大明宫的御道直行，就会来到含元殿巨大的台基下，这条路线正是当年百官上朝时所行走的路线。

在大明宫国家遗址公园建成之前，含元殿遗址几乎是唯一能够参观的大明宫遗迹。相比很少来的国内游客，专门来这参观的大多是日本的旅游团，剩下的则是欧美的背包客。也许会有人纳闷，这个遗址只能看到基座和一些柱础，那些外国人大费周章，专门跑来就为了看这些吗？

　　这个问题说来话长，要知道，这可是当时唐长安城内最重要、最尊贵也最宏伟的建筑。

　　含元殿是皇帝举行重大庆典和朝会的地方。殿前东西两侧有翔鸾、栖凤二阁和通往平地的龙尾道。我沿着长长的龙尾道蜿蜒而上，直到3层台基之上。登台南望，南面不远处的丹凤门与广场尽收眼底，可见当年"九天阊阖开宫殿，万国衣冠拜冕旒"的盛世气象，难怪古时有人形容它的气魄"如日之生""如在霄汉"……

　　含元殿自663年建成后，223年间一直是举行国家仪式、大典的地方。元日、冬至日的大朝会，外国使节团谒见，以及改元、即位、受贺、大赦、阅兵等各种仪式、大典都在这里举行。

　　由于地势落差较大，含元殿上部建筑在3层大台以上构筑，在南面的广场上远望含元殿，雄伟的台基高出地面10余米。如果换成上帝视角，含元殿则是在"凹"形平面上组合大殿高阁，轮廓起伏呼应，体量巨大，极富震慑力。

　　置身此处，真有一种穿越时空之感。当我站在含元殿的遗址上，双脚踏在这块代表着昔日中华民族最灿烂辉煌历史的土地上，闭上眼睛，仿佛能听见文武百官上朝的簌簌脚步声、各使节朝拜皇帝折腰行礼和宣读诏书的琅琅话语声，这些场景仿佛就在眼前一般。然而睁开眼睛，面前只有空荡荡的御道广场和象征着遗址的淡棕黄色丹凤门，这个时候那种厚重的岁月感真的是无以形容。如果你也热爱历史，含元殿遗址绝对不要错过。

西安，这座城

大明宫国家遗址公园
繁华落尽的沧桑

在西安，大明宫国家遗址公园可能远不如兵马俑那么出名，但也是非常值得一游的。相比兵马俑的人山人海，这里空旷了许多，大多数时候整个公园都是空旷宁静的，旅行者可以自由穿梭，当年的残垣断壁就散落在草地中。

大明宫承载着千古帝王的传说，初过长安的金戈铁马，玄武门之变的血雨腥风，贞观之治的太平盛世，武后称帝的王者风范，开元盛世的歌舞升平，唐明皇与杨贵妃的爱情故

事,安史之乱的动荡不安,郭子仪单骑退回纥的绝世豪情,一切的一切都化作这眼前的废墟。在历史的长河中,我们只能在下游,通过这些遗存,抬头长久地遥望处在上游的唐朝残影。

我听到过不少台湾的朋友在西安旅行时,把大明宫一站叫作"断腿之旅"。大明宫国家遗址公园确实非常大。有多大呢? 3.2平方千米!光看数字你没什么感觉,要对比着来看:相当于3个凡尔赛宫、4.5个故宫、12个克里姆林宫、13个罗浮宫、15个白金汉宫……充分显示了唐代宫城的雄伟气势。

遗址公园外围的广场上,有很多锻炼遛弯的市民,有带着孩子放风筝的人们,也有跳广场舞的队伍,生活气息浓郁。过去只有君王和大臣们才能涉足的地方现在成了寻常百姓的活动场所,历史的长河真的能改变一切。

遗址公园的外围其实是免费的,中间的遗址核心区以及博物馆是要购票才能进入的。所以如果喜欢历史,尤其对唐代文化感兴趣的话,还是建议多花点时间买票进去看看,可以看到当年宫殿的遗迹和留存的文物。

虽然很多遗址只能看到地基和夯土,但还是很值得深度走走。比起人声鼎沸的景点,这里更有时间用来思考。站在那些名声赫赫的宫殿遗址上,看着相关的文字介绍,足可以想象当年的繁华过往与曾经在这里发生过的流传千古的故事。

强烈建议参观前先去大明宫考古探索中心看一下影像简报,不然很可能会认为这只是个虚有其表的大众公园,路线建议由丹凤门进入,一路往最北的玄武门走。套票里包含3D版的纪录片《大明宫传奇》,IMAX 的只有上午 9:30 一场,一般 3D 版的全天都有。纪录片不长,38 分钟,看完会对大明宫的价值有一个更直观立体的了解,然后再看那些遗址会更有感触。

遗址公园内的地下博物馆设置很到位,参观体验很棒。含元殿的气势磅礴不用多说,紫宸殿的呈现形式也很有新意和设计感,个人也很喜欢微缩景观,可以很直观地领略昔日大明宫的风采。

需要提醒的是公园实在太大,一圈全走下来的话确实不轻松。好在买套票的话可以乘坐观光电瓶车,能省不少力气。如果只逛公园外围的话,租自行车也是不错的选择。

大明宫国家遗址公园

大华 1935

老纱厂的新青春

说起西安的历史感，大家的思维总是一下子就拉到汉唐时期，至少也是到了明代。其实在西安，也有让人感觉有民国味道的地方。

比如说，诞生于 1935 年的大华纱厂。

在这里，我发现原来灰灰的旧房子更耐看，老厂房有种特别的美。想起曾在一本书里看到这样的话："生锈的高炉、破旧的厂房、废弃的设备不再是肮脏的、丑陋的、破败的、

133

消极的；相反，工业遗产作为近代城市发展的见证，与那些古代的宫殿、城池和寺庙一样，成为承载人类历史的重要媒介和人类历史留下的文化景观，是人类工业文明的见证。"

长安大华纱厂，曾是西北地区历史上建立最早、规模最大、影响最大的现代化机器棉纺织企业。后来，它渐渐被人们淡忘了，过去的辉煌不再，老纱厂也在有一天终于停工。又不知什么时候，它突然变成了大华1935，一个798式的厂房艺术区，让大家发现，原来这里有一片很特别的老厂房！

大华1935的园区其实不算很大，但妙在整体环境够复古，艺术味道又够正。20世纪30年代至90年代不同时期的建筑风貌被保留了下来，成为博物馆、小剧场、餐厅、咖啡馆……这些空间保留了原有老工厂的特色，比如锯齿形采光窗屋顶、钢三角结构厂房等。园区里3个高低错落的除尘塔、大跨度的煤廊、沧桑感十足的纺织车间更是非常独特。

　　民国时期就修建起来的南门是大华纱厂的标志。它现在已经不是大门了，位置有点隐蔽。这个老派的大门形似一座牌坊，五间六柱，五间的上方都有一颗红星，上有"长安大华纺织厂"的红色大字。这座大门下不知走过了多少人，它见证了大华纱厂走过的80年时光，也是在这里工作过的人们共同的记忆。

　　大华1935让我特别喜欢的一点，就是工业遗存建筑与现代工业设计完美结合，锅炉房变身艺术中心，老厂区融入新颖前卫的主题活动。建筑够老，里面的活动却够新。

　　提到"先锋"大华，不得不说到西安独一无二的小剧场集群就在这里，拥有"壹""玖""叁""伍"4个剧场，完美融合了先锋话剧、戏曲、音乐、舞蹈等多种表演艺术的演出，也为绘画、雕塑、影像艺术、行为艺术等视觉艺术提供平台，说不定你哪天来的时候还能邂逅使你惊艳的艺术表演。

西安，这座城

大华工业遗址博物馆
在这里发现旧时光

大华工业遗址博物馆，一间不算大的博物馆，但出乎意料地有趣。它是利用大华纱厂1935年所建的织布车间建筑遗存改建的，其单层大空间的厂房建筑体是大华纱厂迄今保留最完整的工业遗存之一，为西北现存最早、规模最大、最具有代表性的单体钢结构工业建筑。

博物馆入口处，能看到原厂房的旧墙壁上，由纺织机械部件组合而成的"凤凰涅槃"图案。走进展厅，是以时间轴设计的参观路线，从清末张之洞办实业开始介绍，一直到大

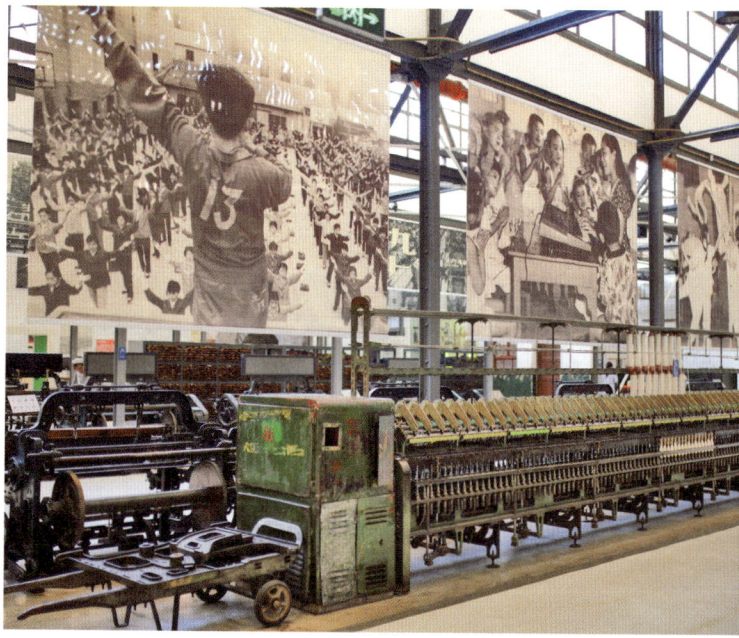

华纱厂破产为止。这一整段的历史，简单的文字介绍配上机器实物，很值得一看。

宽敞的厂房里，摆放着一件件古老的纺织设备，都是大华纱厂原来的物件，被擦得很干净，保养得很好，摆在玻璃盒子里供大家参观。

在这里，能看到1908年美国通用公司生产的设备，现在还能够正常工作；能看到20世纪30年代买入设备的说明书，上面的工业插画有种莫名的复古美感；能看到当年大华出品的不同品牌线的产品，当时的商标设计现在看起来也很洋气。当时，大华纱厂的拳头产品是"雁塔牌"细布，在西北市场的销量一度可与日本生产的名牌细布销量相抗衡。

一步步向前走，就像用自己的脚在快进历史，我一路看到大华纱厂如何兴盛起来，大华老板石凤翔的女儿石静宜如何与蒋纬国一见钟情并且结婚。抗日战争期间，日本人的三次轰炸几乎毁掉工厂，但最终大华纱厂还是坚持下来了。

直到中华人民共和国成立后的部分，眼前的展品开始出现一些让人感觉既熟悉又陌生的旧物，比如20世纪60年代的手动计算机、1975年的搪瓷缸子、海鸥照相机、雷明顿英文打字机、黑白老式电视机、印刷用的铅字等，这些物件都带着时间的质感。但最引发共鸣的，还是几处微缩的居家环境，展示着20世纪八九十年代时，厂区大院的生活场景，让人一看就惊呼，我小时候家里也是这样的！

小小的展厅走完，好像在不曾经历只能想象的年代走了一遭，之后又被打回童年，想起了小学暑假午睡醒来后的无所事事。世界上很多博物馆藏品丰富又珍贵，让人叹为观止，但这个小小的工业遗址博物馆，却让我实实在在想起了过去，经历了一场小小的时光倒流之旅。这也是另一种值得回味的体验。

西安，这座城

绿驴 LVLV STORE
来一口"永无岛"的冰激凌

从博物馆出来，看到一家咖啡馆、一家花艺馆、一间甜点店，看起来都很棒。但最终让我做出选择的，是绿驴门外立的这个小黑板，上面写着："如果，你来大华 1935 没有吃冰激凌，那就相当于你找了个女朋友，却没有谈恋爱。"说得好有道理，我竟无法反驳，于是走进小店，向里面坐着的戴黑边眼镜的男生点了一支冰激凌。

等冰激凌的工夫，我打量了一下这个小店，店里真的很袖珍，小小的白窗户、小小的操作间、小小的桌椅……但在小店里，却毫不吝惜空间地摆了许多可爱的小物件，有很多

可爱的小细节。一面墙被做成黑板，上面粉笔画的绿色大象还算常规，但下面剥落的一块墙皮上还画满笑嘻嘻的简笔画小人儿，实在是太可爱了。

　　我一边吃着手里的甜筒冰激凌，一边看着吧台上方的菜单，突然看到一句"玩具换冰激凌"，赶紧问老板这是怎么回事。"对啊！就是拿一个玩具来，就能换一支冰激凌。"老板趁着我来买冰激凌的机会给自己也做了一支，正坐在窗台下高高兴兴吃着冰激凌的老板一指我背后："那里放的全是换来的玩具。"我一回头，果然各样玩具都有，有那种看起来挺酷挺复古的，也有完全就是寻常可见的小朋友玩偶。老板接着说："玩具积攒起一批，就把它们捐给山里的小朋友。"

　　我忍不住问他，如果大家都拿玩具来换冰激凌，你的生意会不会出问题啊？"不会啊！那多好啊，我们就会有很多玩具可捐了啊！"年轻的老板眼睛亮亮地说。

　　每个爱吃冰激凌的小孩，都幻想过自己以后要开一家冰激凌店。这种幻想，随着童年的离去，也很快就消散了。可偏偏是在绿驴，我觉得自己见到了把这个梦想真正实现了的小孩。这家被老板自己定义为小商店而非咖啡馆，卖饮品、甜点和冰激凌并接受玩具的小店，确实是一个长大了也仍然爱吃冰激凌的小孩开起来的。在这样的店里吃一支冰激凌，得到的开心好像比平时还要多一倍。

　　何况，还可以用玩具换，对吧？

139

西安，这座城

胡同猫
吃肉吃过瘾

大华1935里有两家人气店，一家是小骆驼烧烤，一家是胡同猫涮肉。都和动物有关，都和肉有关。

胡同猫，光听这名字，总以为是家卖小猫主题饰品的小店，或者是文艺慵懒型的咖啡馆……但错了。真的很难想象，这家名字文艺，门面装修也文艺的店，竟然是一家涮肉店！

也许是沾染了艺术区的艺术气氛，这家涮肉店外观很酷，生锈的外墙，昏黄的灯光。门口一只铁艺造型猫，现代高冷。不过走进去就温馨多了。还没进门，就闻到了里面热气

腾腾的火锅味道。店里桌椅都是四方木质的，墙面绘着各式各样招人喜爱的猫。涮肉店也可以高颜值，先不说饭怎么样，至少环境好，心情愉悦才是第一位的。

胡同猫的涮肉，是比较朴实的那一型，具体表现就是：铜锅、木炭、清汤，加上无穷无尽的肉。

菜单上，各种各样的肉不仅新鲜，还搞得特别有形式感，比如说：

"一米羊羔肉"：薄薄的羊羔肉片，真的摆在一米长的盘子里，看起来超级有气势！

"一头沉"：服务员把盘子立起来，肉也不会掉下来，可见肉的新鲜和品质。

"火山肥牛"：把肥牛片垒成了一座小火山，肥牛的色泽看起来超级诱人！

于是，我就一盘接着一盘地吃着涮肉，蘸着配有辣椒油的"弘历爱麻酱"，喝着乌梅饮，优哉游哉！

革命新生
之旅

中华人民共和国成立前的西安，典型的西方近代建筑虽然不少，但由于战乱、政拆建等种种原因，真正保留下来的并不是很多。其中，有幸保留下来，并为大家所熟知的主要有建国路上的张学良公馆、解放路上的西京招待所、新城广场内黄楼和西大街上的老易俗社等。

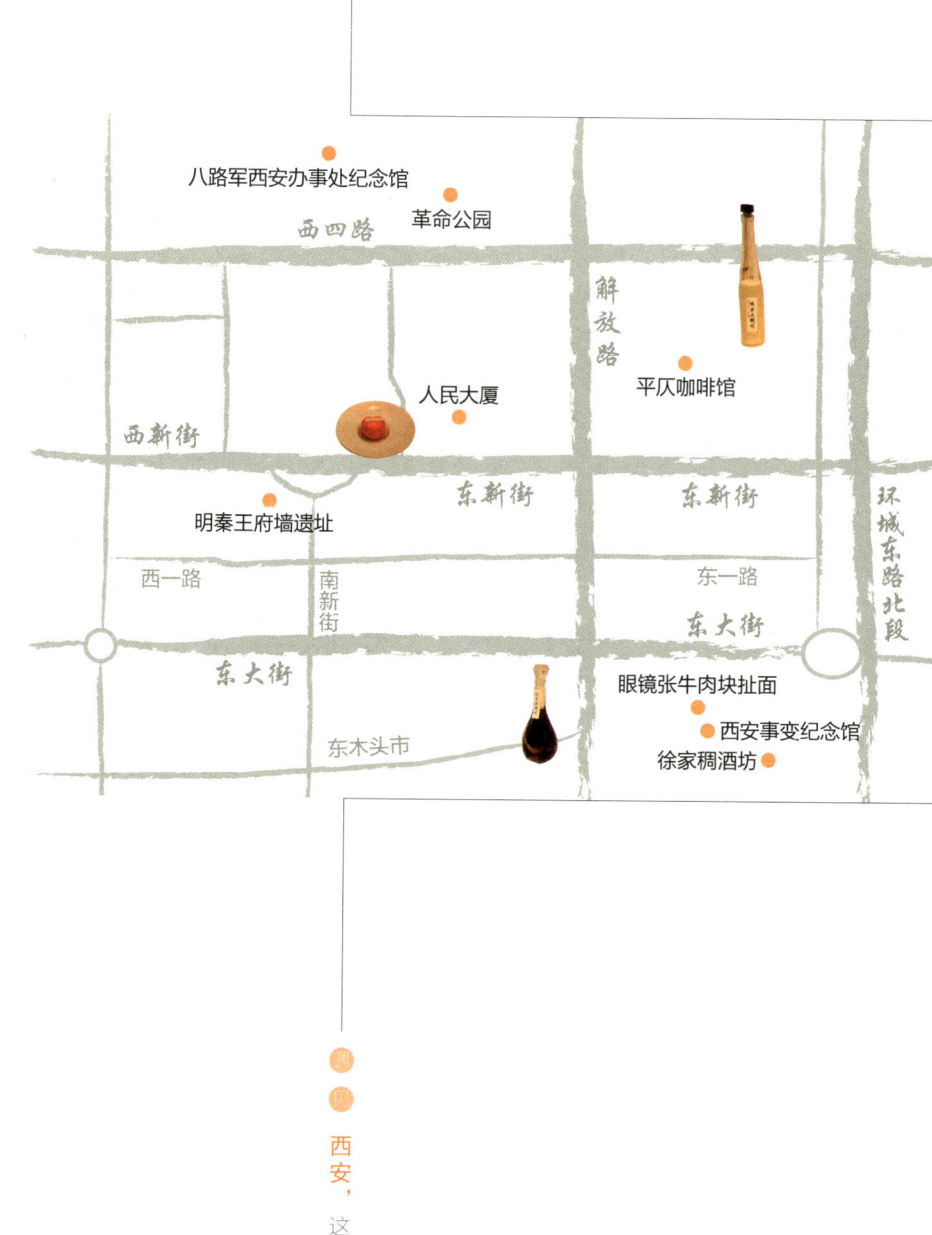

西安，这座城

红色革命的古都印记

现在人们能够在西安看到的大部分近现代优秀建筑，主要还是中华人民共和国成立后建造的。例如：西大街上的人民剧院、北门里的陕西建工局办公楼、钟楼十字的西安邮电大楼、新城广场旁的人民大厦等建筑，尤其是人民大厦和人民剧院，在2016年与人民大会堂、圣·索菲亚教堂等全国的90多座建筑一起入选了"首批中国20世纪建筑遗产"名录。

看过《白鹿原》的人应该都记得，西安在近代曾发生过不少可歌可泣的血泪故事，但纸上读来终觉浅。没错，张学良公馆、八路军办事处的确算是比较冷门的景点，即使是周末也见不到太多外地的游客。确切地说，连我自己在这个城市出生成长了30多年，也是这两年才想起来专程去参观的。

通过那些带有明显时代印记的老建筑，以及建筑里展出的老物件、老照片和书信等展品，能对当年发生的那些传奇和故事，有更清晰的了解和更立体的感知，也会更为珍惜当下自己所拥有的幸福。

就像革命公园，我们这一辈人，儿时只是傻呵呵把那里当成一个单纯的公园和游乐场来逛。后来长大了才知道，它跟20世纪20年代惨烈的"二虎守长安"有着千丝万缕的联系。不去仔细看看存留的遗迹和碑文的话，有关那段历史的记忆就快彻底消亡了，毕竟当年亲身经历过"西安围城"的孩子，现在也快100岁了。

徐家稠酒坊

酒香哪怕巷子深

建国路四巷是条很窄的巷子,老街两边的店铺都很家常,一看就不是游客来的地方。

徐家稠酒坊的门脸也相当不起眼,要不是因为我平时爱喝稠酒,好奇进去看看,进而和店主攀谈起来,我也完全想不到这家不起眼的小店,竟是老西安口中常念着的"长乐坊老徐家"的后人所开。

黄桂稠酒是西安特产,是一种古老的酒,唐代时就盛行了。据《唐两京城坊考》载"长乐坊出美酒",清末民初时,西安最有名的稠酒酿造师徐老三就是在长乐坊开店,还曾得于右任先生的题字。

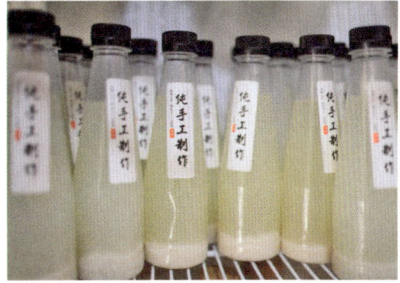

  店面也小小的，冰柜里冻着大瓶小瓶的乳白色稠酒，旁边还放了几瓶澄清状的酒水。店主说，澄清的是年份酒，喝起来绵软，实际上很有酒劲。常规稠酒则是每天店主亲手酿制的，只用纯粮食和酒曲，手工酿制，不加糖，也不加其他添加剂。

  尝过他们家的稠酒，我的第一反应是惊讶。这与我多年以来喝的稠酒，味道竟然不尽相同。没那么稠，也没那么甜和浓，淡淡的但很醇，最先占据味蕾的不是甜而是米香。

  店主解释说，现在市场上的稠酒基本是工厂流水线生产出来的，少不得要添些增稠剂、糖，让口味更足些。

  再细聊下去，店主感叹起酿酒这件事。坚持手工酿酒的人渐渐少了，酿酒说起来简单，却特别需要耐心，还得讲点灵气和缘分。"我跟父亲学酿酒，每次酿出的酒他从来不尝，只闻一下，便说'不行'。后来有一天，父亲闻过之后，端起喝了一口，对我说了一句话：'以后好好干。'……"

  所以，有时遇到年轻人想拜师学艺，店主会笑笑，说："过几年如果你还想学再来吧。酿酒，需要耐得住性子。"他还说，同样的米同样的水，季节不同，酒的味道也会有微妙的区别；甚至今年春天雨多一些，酿出的酒就必然与去年春天不一样。这些微妙之处，在流水线生产的酒水中是感受不到的。

  我其实有点后悔来到徐家稠酒坊，因为尝完了他们的酒，好像再也不想喝以往喜欢的超市中就可买到的稠酒。也许最重要的差别还不是味道，更有一些说不清道不明的东西在里面。这几年讲工匠精神的书很热，人们总感叹身边的工匠精神越来越少了，其实所谓的工匠精神也许一直不曾断过，只是默默地在市井间隐藏起来了。你会愿意去发现它吗？

西安事变纪念馆

酝酿世纪风云的民国老宅

西安事变,是中国近现代史上家喻户晓的大事件,也是多少年来被大家讨论不休的传奇事件。一些与西安事变有关的地方被作为历史的见证而受到保护,亲眼见证一下这传奇发生的地方,与当年干看教科书,感觉自然有很大的不同。

需要说明的是,虽然西安事变纪念馆的馆址设在张学良公馆,但事实上西安事变旧址还包含了五间厅和兵谏亭、黄楼、高桂滋公馆、止园(杨虎城公馆)、西京招待所。

张学良公馆位于西安市建国路,当年算得上是高大的几座小洋楼,如今掩映在一片旧民居中,显得很低调,只是公馆门口立着"西安事变纪念馆"的牌子。比起人潮涌动的陕

西历史博物馆与大雁塔南北广场，这里要冷清很多，而这个院子和其中的建筑，只是以一派平和安详的姿态静候想要了解这段历史的人。

走进院子，左手边是一排被辟为展厅的平房，里面陈列着与西安事变有关的各种历史照片与实物，中间还停着当年张学良使用过的别克牌汽车。右手边，由东向西排列着三幢相同式样的灰色三层小洋房，相当精巧别致。即使只看建筑，也值得来一趟。

这三幢建筑，是由西安通济信托公司于1932年投资修建的，当时在西安算是相当现代的公馆了。三幢楼都是砖木结构，木构屋架，砖砌墙身。底层有地下室，楼门北开，沿着楼外的砖石台阶可以直接进入2层大门。

从1935年9月到1936年12月25日，张学良和夫人于凤至、赵一荻、儿子张闾琳及其随从人员一直租住在这个公馆里。虽然张学良在这里只住了短短1年多时间，却发生了许多改写中国历史的大事件。

站在张学良公馆楼上，可以看到北边紧挨着的高桂滋公馆，同样是中西合璧的庭院式建筑，也与张学良公馆一同见证了中国发生历史性转折的时刻。1936年12月12日西安事变爆发后，蒋介石就在高桂滋公馆住了11天，这11天也许是他一生中最尴尬、最难熬的11天。而停止内战6项协议也是在这里达成的。

现在的高桂滋公馆，已经成了陕西省作家协会的办公地，知者甚少，远不如一巷之隔的张学良公馆名气大。

如今，这段历史化身为展厅里的旧照片和简短的文字介绍，仿佛时过境迁，却仍然留在人们的记忆中，时常被人追想、讨论。清静的花园洋房，不露声色地伫立在闹市中，静观岁月变迁。

西安，这座城

眼镜张牛肉块扯面
老西安念念不忘的一碗面

建国路，对于老西安人来说，绝对是记忆中的美食一条街。不过时过境迁，现在的建国路已不比当年般美食云集，显得有点落寞。好在仍有不少老店保留了下来，比如说，眼镜张牛肉块扯面。

对于很多西安人来讲，这家店卖的不仅是面，更是情怀！眼镜张绝对排得进西安最有名的面馆排行榜，外来的游客如果向出租车师傅打听西安的面馆，十有八九会被推荐来这里尝一尝。

　　开了20多年的老面馆,期间搬过家,但仍在建国路上,只是店面更宽敞了。和很多老店一样,这里的门面极普通,走进去后,才会发现店面挺大的。桌椅简易,但挺干净,比"苍蝇馆子"好很多。

　　面条都是现场手工制作的,你点完后,楼上师傅们就麻利地扯起面来。这期间,拿着号码牌坐在位子上,踏实等一会儿吧,师傅们动作很快,一般等十几分钟就好了。

　　等的时候,可以自己去倒碗面汤,西安人最爱说"原汤化原食",所以基本上所有的面馆都是自助的面汤管够,桌面上也都会备着足量的生蒜瓣。地道本地人的吃法是剥了生蒜就着面吃。

　　不一会儿面端上来,一眼看过去就是白乎乎的面,上面卧着几根青菜,可别吓一跳,牛肉和汤汁在底下呢。

　　赶紧拿起筷子拌匀了,这样看起来才更有食欲。小块牛肉卤得很入味,面条软硬适中,蘸匀了咸香微辣的汤汁,入口很顺滑。店里除了招牌牛肉面外,还贴心地提供"二合一""三合一""四合一"……外地游客对这些菜单上的"黑话"可能有点蒙,其实就是一碗面里可以同时将牛肉、西红柿鸡蛋、油泼辣子和炸酱等几种配料随意组合。比如说点一碗牛肉+油泼辣子+西红柿鸡蛋的三合一,牛肉块香浓软烂、西红柿鸡蛋酸酸甜甜、油泼辣子又红又香,这样吃起来才过瘾。

西安，这座城

人民大厦
建筑的传奇之光

人民大厦，是西安最有历史的酒店群。为什么推荐大家来酒店一游呢？因为人民大厦并不只是酒店那么简单，它还是有超过 70 年历史的西安最大的欧式风格建筑群，是西安的地标之一，也是文物保护单位。2016 年 9 月，西安有 3 座建筑入选"首批中国 20 世纪建筑遗产"名录，它就位列其中。更不要说，人民大厦多多少少算是老西安人心中的一个情结。

西安人民大厦建于 1953 年，由西北设计研究院总设计师洪庆设计。它作为西安最好的建筑，一直以来都是接待贵宾的"国宾馆"，加上门禁森严，在人们心目中有一种神秘

又神圣的感觉。

当然，这都是过去的事了。现在的人民大厦，被法国雅高集团收购，改造为雅高在西安的酒店群，按不同档次分为索菲特传奇、索菲特、豪华美居、美居4个酒店。靠近马路边的索菲特酒店是白色新建筑，但进入大门后，庭院中的几幢建筑就都是老建筑了。

走进大门，庭院宽阔，树荫浓密。两个圆形喷水池颇有复古风，而眼前的建筑，就是索菲特传奇酒店所在的人民大厦主楼。

说起来，索菲特传奇酒店确有"传奇"之处，它有严苛的选址要求，非常注重选址的历史性、故事性，全球的传奇酒店建筑都有着独特而厚重的历史背景。而西安索菲特传奇，是全球第5家、中国唯一一家传奇酒店，足以说明人民大厦本身就是一个传奇建筑。

人民大厦的建筑设计师洪庆曾留学法国，当年修建人民大厦时，他选用大量的法国国花鸢尾作为元素，让这幢整体上为苏式风格的建筑，巧妙地融入了古典的法国风情。

主楼的左右两边，各有一个中式屋顶的八角楼，遥相呼应，中式建筑的玲珑与大厦主体的法式风格组合在一起，足够特别，让人过目难忘。这两个八角楼中的一座，是人民大厦剧院，很多特别棒的舞台剧演出都在这里举办。

庭院里，有高大成群的银杏树，有当年周恩来总理种下的18棵象征和平友谊的橄榄树，更不用说亭台流水、草地斜阳，都很值得一观。所以，在西安即使不住这里，也值得来看一看，拍拍照片。

西安，这座城

明秦王府城墙遗址
从恢宏府城拆到只剩土墙

每个人小时候都喜欢放风筝，我儿时每到春天，总要央求家人带我去位于西安城中心的新城广场放风筝。我小学时在广场西边的省少年宫还上过暑假的国画班和围棋班，一方面是给暑假找点事情做，更多的是可以和培训班的小伙伴玩耍，所以对广场的童年回忆是很愉快的。

那个时候，我就记着在广场南侧对着南新街的路口，左右两边对称立着两座高大厚实的土城墙，墙体上面长满了杂草，与周围建筑格格不入。当时我隐约知道这是文物，包括不远处的皇城东路也有类似的土城墙，至于这两座土城墙之间的联系，那时候并不清楚。

等开始了解这座城墙遗址的历史,已是多年之后了。朱元璋于洪武三年(1370 年)将其次子朱樉封为秦王镇守西安,并开始修建西安城墙和秦王府。洪武十一年(1378 年)朱樉正式来西安就藩,秦王府也就成为历代秦王居住、办公之地。历史上的秦王府城恢宏壮观,有承运殿、存心殿、承庆宫等宫殿房屋 863 间,大大小小门楼 46 座。

明末,李自成率农民起义军攻占西安,在秦王府成立了大顺农民政权。1645 年,清军入陕后,将秦王府易名为满城,由八旗驻防军和军人家眷居住。雍正年间,时任川陕总督的年羹尧下令拆毁秦王府,用拆下来的材料修建城隍庙、广仁寺、东岳庙。至此,秦王府荡然无存。

乾隆年间,秦王府内城被辟为八旗校场。1921 年,冯玉祥督陕时,拆掉内墙的包砖来修建督军府,秦王府的历史就是这样一路被拆的历史。民国时期,西安反围城胜利后,将清八旗校场改称红城。1931 年红城更名为新城,成为陕西军政活动的重要场所,现还存黄楼、西安事变指挥所等遗址。

1952 年,因市政建设拆除了部分城墙和东、西、南三门。此后又陆续拆除了部分城墙和北门。秦王府的东、西、北三面城墙基本就是现在省政府大院的三面墙,南墙在新城剧院南侧一线。在四面城墙中南面城墙保存相对较好,南新街与新城广场接口东西两侧有已进行砌砖修复后的两段城墙,长 300 米左右,另在东段陕西省人民政府机关幼儿园旁残存两段夯土墙。

经过百年风霜,城墙已经成为残垣断壁,南城墙东段如今被一家烤肉店占据,东段的城墙下每天下午都排着很多去幼儿园接孩子的家长,只是那些吃烤肉的食客和懵懂的孩子们,对脚下和身边这段土城墙曾经的过往,大概一无所知吧。

八路军西安办事处纪念馆

"七贤庄"的传奇

西安北新街中段东侧，有一四合院式的平房建筑群，就是所谓的"七贤庄"。名字听起来很有历史感对不对？没错，七贤庄在西安的历史上画下了浓重的一笔：它是八路军驻西安办事处的旧址。

辛亥革命后有银行家买下这里的地皮，建起了一排连墙式的宅院，共有10院，对外出租，一时成了儒生雅士聚集的地方。七贤庄这个雅致的名字，就是时任《秦风日报》社社长的成柏仁先生起的。

1936年初，中国共产党在七贤庄1号院建立了秘密联络处。西安事变后，这里又从秘密据点变成了合法机构——红军驻西安联络处。卢沟桥事变后，改名为"国民革命军第

八路军驻陕办事处",办公地点也从1号院扩大到3、4、7号院。

八路军西安办事处是全国15个八路军、新四军办事处中成立最早、坚持时间最长、影响力最大的办事机构。叶剑英、林伯渠和董必武先后当过这里的负责人,周恩来、朱德、刘少奇、彭德怀、邓小平等人多次在此工作、生活过。

当年全国各地的热血青年,冒着生命危险闯过重重关卡,徒步穿越八百里秦川,奔向革命圣地延安之前,都要在八路军西安办事处停留几天。这里就像是个迎来送往的"驿站"。

1959年,八路军西安办事处纪念馆正式开放。馆内不仅复原了曾经的办公旧址,还开辟了陈列室,收藏陈列当年使用过的文件、证章、电台设备、新闻图片、书刊和烈士手稿等文物。

只要稍做登记,就可免费入内参观。且不说背后的故事和历史意义,光是这里的建筑特色也值得一看。距今已有百年历史的四合院式平房建筑群,面积很大,走上一圈要1个多小时。

从1号院往左看去,眼前一连串精致的圆形月亮门贯通着。里面各处白墙青瓦、圆门直路、木质门窗,建筑错落有致。一处小院内,有一个非常古旧的木质乒乓球台,上面还放着一对极旧的乒乓球拍,应该是当年革命前辈们工作之余的娱乐。

救亡室旁边的地下室,当年被改造成一个临时手术室,白求恩医生来中国第一站就是住在这里,第一台手术就是在这个地下室里完成的。

纪念馆里的游人不多,院内爬满爬山虎的平房墙壁衬得四下十分宁静,唯一的声响,就是旁边后宰门小学传来的鼓号队的排练声。

真的很难想象,在这个安静的院落里,曾经发生过多少惊心动魄的往事。

西安，这座城

革命公园
被遗忘的围城旧事

小时候，革命公园一度让我很向往，因为我第一次见到摩天轮就是在这里。那时候的我，每次走进革命公园就直奔旋转木马和摩天轮，甚至不曾注意过一进正门就能看见的标志性的革命亭，更不可能去关心它的历史，一座公园好玩就够了。

但革命公园偏偏就是一座有历史的公园，而且很沉重。

以"革命"命名的公园，在全国恐怕也只有这一家。这名字听起来过时，实际上正是因为它不同于其他公园，是西安城一段历史的见证。

158

看过《白鹿原》的人,应该对里面讲到1926年"西安围城"的情节印象深刻。据说当年共有5万人死亡,占到了当时西安城人口的1/4。

原书里是这样说的:"战死病死饿死的市民和士兵不计其数,尸体运不出城门洞子,横一排竖一排在城墙根下叠摞起来。"在西安上学的白灵帮着埋尸体,"尸体抬完了埋完了,还要举行全城的安灵祭奠仪式,正在挖着的万人坑将命名为'革命公园'"。

是的,革命公园之所以存在,正是为了安葬、纪念在"西安围城"期间死难的军民。1927年2月,为纪念西安的死难军民,冯玉祥率众公祭,建革命公园,负上筑冢,建立烈士祠和革命亭,供市民凭吊纪念。

现在的革命公园,与我小时候印象不同,显得又小又破败。公园大门口仍立着冯玉祥书写的"革命公园"4个大字,进门后第一眼看到的就是革命亭,旁边无数只燕子环绕飞翔。亭子前方有座圆形水池,里面的太湖石据说是唐代兴庆宫的遗物。

革命亭前广场两侧的小树林中,各有一座不高的圆形土冢,造型完全相同。这就是埋葬"西安围城"中死难者的"万人冢"了。墓冢前曾有数块碑刻,今已不存,只有新修的石碑向人们介绍这两座看似普通的土丘下,埋葬的令人不忍回首的历史。

革命公园建成至今已90多年了。对西安这座古城来说,90多年似乎不算什么。但正是这样,更让人觉得这段历史距西安人的生活如此之近。

革命公园如今更像一个社区活动绿地,摩天轮还在,不过看起来一点也不高大了,也没什么人去坐。公园的空地上,人们跳舞、唱歌、遛孩子、举办相亲大会……这样平淡至极的生活场景,这样家常的笑声,对当年惊心动魄的历史来说,也许是最好的告慰。

西安，这座城

平仄咖啡馆
有起有落，有平有仄

　　平仄咖啡馆算是西安网红咖啡馆的一股清流。它从一家隐藏在楼上的私房咖啡店开始，因为口碑和人气太高，随后又在民乐园万达步行街开了一间雪白小三层的门店，仍然保持完美的高人气。

　　虽然位于商业步行街，但小白楼给人一种独立感。光从门外看，就很有电影的画面感了。又美又文艺的妹子们都爱在这里吃甜点、喝咖啡和自拍。所以有人说，想在民乐园大街上看颜好条好的美人儿，只要守着平仄门口就可以了。

平仄这个店名也很有留白的空间,简简单单,连笔画都很俭省,但这么几笔几画,写在雪白墙面上,就很有味道。

说起这个店的时候,也很容易唱出来"平平仄仄平平仄,好聪明的中国人,好优美的中国话……"。也许一个很有韵律的店名,也是最初吸引许多人去的原因吧。

推门进去就是吧台,最吸引眼球的自然是雪柜里陈列的招牌法式甜点。这两年法式甜点火起来了,平仄大概是西安最早做法式甜点的咖啡馆。与整个店里的"冷淡风"相应,法式甜点的美也是内敛的,不会把巧克力奶油堆到眼前。眼前所见的点心都极精致,饱满的大红色桃心,是他家最有口碑的红樱桃荔枝;翠绿色方格状的,是抹茶伯爵慕斯;粉色很优雅的,是覆盆子荔枝……这些甜点让人面临两项考验,一是到底要挑哪一款,才能抵抗其他款带来的诱惑呢?二是这样美的点心,你怎么忍心下叉子呢?

在拍过无数张照片,真的下定决心开吃之后,困扰马上也来了:3秒钟之前我面前还有一个美丽的点心,现在怎么就什么都没剩了呢……

没关系,以上都是甜蜜的烦恼。总之,平仄给人的感觉,就是一间路过就想走进去的咖啡馆,坐下来,感觉安静又温暖。一个人发呆,或者与好友聊天,都是美事。有晴有雨,有起有落,有平有仄。

回味古城的历史

我想很多人来西安,是因为这里曾经是长安。"长安",即使对于在这里出生长大的我,也是特别有诱惑力的。但是,不得不承认西安与长安之间,实在隔着太厚的历史烟尘。西安是西安,长安是长安。这是我走在西安街头时常常在心里对自己说的话。

回味在老西安的雁塔风铃下

西安除了长安之外，自然也还有别的值得一看的历史。别的不说，无数人有着深深情感认同的城墙、钟鼓楼，都是明代的建筑。但是，从大兴善寺到大雁塔，却是实实在在与唐文化、与长安脱不了关系的。

大兴善寺，根据乾卦的六爻之说，这里就是当年长安城"九五之尊"的"九五"位。大兴善寺之所以被安置在这里，是因为长安城的规划者宇文恺希望借用神佛的力量压住这个位置的帝王之气。

陕西历史博物馆里有特别多的唐代文物。如果你对唐朝或者长安感兴趣，那么在西安，排名第一位非去不可的毫无疑问就是陕西历史博物馆了。甚至连博物馆的建筑本身都很有看头，也入选了"首批中国20世纪建筑遗产"名录。

至于大雁塔，这里留下了无数有关我的童年、求学时代、恋爱以及成家的记忆碎片。尤其在进入21世纪的头几年里，这片区域更是发生了翻天覆地的变化，找回了盛唐的不凡气度和大气风貌。当然，屹立千年的大雁塔是不会变的，依然像灯塔一般在夜色中散射着肉眼看不见的佛光。

大雁塔下，曾经全亚洲最大的音乐喷泉广场，依旧吸引着无数游客的目光；东西两侧的戏曲大观园和民俗大观园，是巧妙展示陕西关中民间文化的园林；南广场上，玄奘法师的铜像傲然挺立，每晚周围都是跳舞和散步的人群。

西安，这座城

大兴善寺
繁华商圈中的净土

从小寨地铁站出来，向北走 200 米，就到了大兴善寺。

大兴善寺在西安只算是小众景点，也没有门票。它身处繁华的小寨商业区，对西安人尤其是年轻人来说，"兴善寺"这个称谓在心里对应的只是个地名，兴善寺东街、兴善寺西街都是大家相约逛街吃东西的地标。

以前我很多次逛街从这里路过，也不怎么会特意想起，与这些热闹一墙之隔，有座历史非常久远的寺庙。

　　但实际上大兴善寺的"履历"足以让人震惊：始建于晋武帝时期，原名"遵善寺"。后来隋文帝杨坚扩建西安城为大兴城，寺占城内靖善坊一坊之地，取城名"大兴"二字，取坊名"善"字，赐名"大兴善寺"，并沿用至今。隋朝时大兴善寺就被命为国寺，也是国立译经馆，长年有印度的高僧在此翻译佛经。后来唐玄宗李隆基在大兴善寺重设国立译场，在著名密教高僧不空的主持下，广译密宗要典，正式建立了中国密宗，大兴善寺也因此成为密宗祖庭。

　　当然，时光过去了千年，现在的大兴善寺已经很低调了，可以说大隐于市。从边门进去，瞬间与喧闹的小寨商圈隔绝了一般。门虽不大但里面地方其实不小，游客不多，走到后院人就更少了。

　　和一般寺庙不太一样的是，寺中除了观音殿还有观音洞，地藏殿供奉着地藏王，还有许多十八层地狱的场景雕塑。

　　如果你对这些兴趣都不大，就到后院坐一会儿，运气好的话会遇到老奶奶们跟着僧人念经。坐在庭院里看看那些几百年的油松、紫藤、柏树和新种的樱桃树、菩提树、紫薇，心情也会变好。特别是初夏时候，坐在樱桃树下，有时你会听到哔哔啵啵的细碎声响，那是小鸟在啄食刚刚成熟的樱桃。鸽子在喝水，乌龟在晒太阳，香烛轻烟袅袅。在这里时间不算什么，别看表了，就悠闲地坐一会儿吧。

　　据说以前方丈室边上种有彼岸花，又有人说现在没了。也许应该到花季的时候，再来证实一下。

　　对了，如果你是张国荣迷，那么大兴善寺对你来说是必去之地。寺中的卧佛殿里，供有"哥哥"的牌位，可以去祭奠他。

西安，这座城

陕西历史博物馆
一眼看尽万年

陕西历史博物馆，我国第一座大型现代化国家级博物馆。

作为一个西安人，每次从陕西历史博物馆门口经过，看着长得吓人的换票入场队伍时，我都不由得生出一种自豪感。

确实，这座看似平淡的黑白灰冷色调建筑是西安的骄傲。顺便说一句，陕西历史博物馆的建筑是张锦秋大师的作品，借鉴了唐式宫殿建筑的特点，以沉稳的白灰色为主色调，有中国山水画的意境。

我第一次去陕西历史博物馆还是上中学的时候，暑假里顶着烈日从西郊骑自行车到南郊，几乎中暑。而进了展厅，在里面徘徊两小时后，我是头晕目眩地走出来的。里面的东西太多了，脑容量瞬间记忆空间又太小，得找个树荫下的小摊喝瓶冰峰平复一下心情。

也难怪啊。要知道这里馆藏文物多达 37 万余件，上起远古人类初始阶段使用的简单石器，下至 1840 年前社会生活中的各类器物，时间跨度长达 100 多万年。

这种被大量历史细节、大量国宝冲击到目眩的感觉，大体伴随了我每一次去陕西历史博物馆的历程。只是每次去的时候，人都比上一次更多了，博物馆免费了，门口排队领票的人越来越多，几乎不再有什么淡季可言。可见认识珍宝的眼光大家都有，像我一样领略被历史冲击的眩晕感的人也越来越多。

陕西历史博物馆处处都是国宝，连入口处喷水池中容易被忽略的石头，也有 2 000 年的历史了。进了大门，院中的回廊前左右各一棵海棠树。我这次去的时候正是花朝节过后不久，海棠花刚打了花蕾，枝上系满了小小的祈福卡片。

走进陕西历史博物馆，给人的感觉其实是"挤"。人太多了，大家都在吐槽，但谁也舍不得不去。但更"挤"的还是文物，太多、太美，甚至太出人意料，眼睛真心不够用。在这里，才知道十三朝古都的沉淀不是浪得虚名。青铜器精美绝伦，陶俑千姿百态，金银器独步全国，唐墓壁画举世无双。

所以尽管厅内人潮攒动，我还是提醒自己耐心再耐心，脚步放慢再放慢。

两个小时走过万年的历史，虽是走马观花，但怎么说都是值得的。

西安，这座城

子午路张记肉夹馍

饼与肉的最原始香气

子午路张记，就是子午路上一家小小的店面。但老板是打饼出身的，所以他家的肉夹馍不仅肉香，白吉饼更是香脆。在西安腊汁肉做得好的店不少，但饼打得这么好的却很难得。

去他家点肉夹馍，特别在饭点时要看运气，如果正好赶上一锅馍卖完了，就得耐心等。有时候，你叫来搭配的米皮、黄花面、丸子汤都快吃完了，冰峰都喝得快见底儿了，正主肉夹馍却迟迟没上，真是让人心焦。但是换个角度想，等这一炉馍出来，你吃到的就是真

正新鲜出炉的白吉饼,又热又脆,冒着一股香气。而且他家的肉夹馍做得很"良心",不必要优质肉夹馍,普通的肉就够多,一口咬下去,白吉饼脆脆的馍皮在你牙齿间裂开,肉汁先流进嘴里,腊汁肉极软烂又不腻,让人吃得特别满足!

除了招牌肉夹馍,张记出品的其他食物也不错,米皮算不上西安最佳但也相当地道了,黄花面也算招牌单品,小时候感冒没胃口的时候去吃一碗黄花面,出一身汗,很快就感觉好多了。

张记分店不少,但他家并不是做连锁的,分店质量也有点参差不齐。不过,至少可以确定总店和翠华路分店的出品是有保证的。这两处离得不算远,总店的装修环境略好些,离大兴善寺近一些;翠华路店环境很一般,但如果你从陕西历史博物馆出来,而且准备直接溜达着去大雁塔的话,翠华路店要更顺路些。

卷陆 西安，这座城

大慈恩寺·大雁塔

仰头看到它，心就安定下来

说起西安，人人都会想到大雁塔。提到大慈恩寺，知晓的人就少了。其实大雁塔是大慈恩寺中的一座塔，先有大慈恩寺，才有大雁塔。

大慈恩寺始建于唐贞观二十二年（648年），是唐高宗做太子时为追念母亲，在原隋代无漏寺旧址上所建，并更名为"慈恩"。玄奘法师就是慈恩寺的第一任住持，在这里讲经修禅。

又过了4年，玄奘为了珍藏从印度带回的大量梵本佛典（忍不住脑补《西游记》中的九九八十一难），仿印度雁塔的建筑形式，亲自督造修建了5层方塔安放佛典，这就是大

雁塔了。后来大雁塔又经过了几次改建，最终变成了我们现在看到的样子。

到了后世，大雁塔中外驰名，大慈恩寺的名头反而隐而不彰。就连我这个西安人，第一次去大雁塔时，发现还先要买票进一座寺庙，也惊讶了一下。

也许是因为1 000多年来，大慈恩寺在战乱中屡次被毁，又屡次重建。现在的大慈恩寺是明代在原寺院西塔院的基础上陆续重修的，也就是说，曾经占当时晋昌坊半坊之地的大慈恩寺，现在只有当年的一个西塔院那么大，现存殿堂也多是清代建筑。唯有大雁塔，被完整地保存了下来。

看惯了现代的高楼大厦，大雁塔的高度并不让人生出什么感慨。但是，在唐代众诗人笔下，它却是了不起的摩天建筑。是啊，当年的长安，又有几个这样高的建筑呢？

甚至在20世纪90年代之前，大雁塔及大慈恩寺周围都没有多少高楼，而是被广袤的农田包围，与现在的样子天差地别。小时候来大雁塔，印象最深的就是一直爬楼梯，又老又陡又长的木楼梯，一口气爬到顶，站在窗边，那时候还能走到最边上凭栏望，微风吹过，吹散了身上的汗滴，四周都是绿色田地和平房，很容易就看得很远。后来，塔内的木楼梯重修，每层的窗边为了安全也设了玻璃窗，不能再站在窗边畅快吹风了。

现在，对我来说，看着大雁塔比登塔更重要。而且因为住在附近，时时看到大雁塔已成为一种习惯，抬起头，它就在那里。冬天雾霾时，灰色的塔身几乎就隐没在更灰的空气里；夏天的傍晚，有时候会有闪着金光的云停留在塔尖的上方。

反正登或不登，大雁塔就在那里。想到这里，我就会觉得心里很踏实。

大雁塔东西苑

园林里的旧时光

虽然按照习惯，"东"通常应该放在"西"的前面，但从坐车和游玩的角度来说，先去大雁塔西苑，之后再去大雁塔东苑，显然更方便一些。

我们现在去大雁塔周边玩，会发现所有过路的车辆都要绕着大雁塔及周边的几个公园转上一大圈，似乎大雁塔成了一个巨大的环岛。但大概在2003年之前，现在大雁塔北广场地铁站的位置还是一个狭窄的十字路口，所有去大雁塔的行人和车辆都要经这里向南，走一条正对着大雁塔的并不宽阔的马路。

彼时大雁塔东苑和西苑的位置都是政府的苗圃，是夏天周围居民喜欢乘凉和避暑的去处。大雁塔东边的苗圃有很多高大的松树，西边的苗圃则是天然的土丘，数个巨大的土丘围着一个别致精巧的小公园——盆景园。

我还记得是在 2004 年的夏天，大雁塔西苑在西侧苗圃的土丘和盆景园的基础上改造完成。印象很深的是当时坐着公交车，从慈恩西路上坡，左前方就出现了铺满嫩绿草坪的小山丘，草地上蜿蜒着用石块铺就的小径，小径旁散落着几个长椅，阳光从松树的缝隙间逆光洒向草坪，画风在当时看起来像极了欧洲的小镇。

于是赶紧约朋友一块去逛，原来这里是以展示陕西关中的民俗文化为主题，林子里用活灵活现的雕塑形象展示陕西关中、陕南、陕北等地代表性的民俗风情，例如皮影、剪纸、泥塑、陕西八大怪、农村嫁娶、吹糖人等。园区里的小路曲径通幽，走着走着，眼前又豁然开朗，与早半年建成的宽阔的大雁塔北广场连成一体，相映成趣。

从大雁塔西苑向东走出去，穿过北广场，就是以展示陕西地方戏曲元素为主题的大雁塔东苑了。东苑改造完成的时间比西苑稍微晚半年，松树林的规模比西苑更大，也更显得

幽静一些。有趣的是，也许是因为这里有林木包围的广场以及幽静的长廊，所以几乎每天都能看到民间的秦腔自娱班在这里吹拉弹唱，既与这里"戏曲大观园"的主题相衬，也特别有怀旧和穿越之感。

最妙的是东苑除了松树林，还保留了原有苗圃里的很多有年头的花树，如今都分布在东苑的小湖周围。我最喜欢的是其中一棵山樱花，应该算是整个曲江最大也最漂亮的一棵樱花树了。最开始注意到它，也是在4月初的某一天，坐车绕大雁塔前往东郊去上班，在车窗右前方，穿过松树林的间隙，忽然发现了一树的雪白，印象中整棵树都在发出耀眼的光芒，在周围的一片深绿中格外耀眼……

所以说4月上旬和中旬是来东苑最好的时段，如果那棵樱花树下的那张木椅刚好空着，那就再完美不过了。不过如果错过那个时段也没关系，东苑里散落着戏曲彩绘雕塑、地方戏曲铸铜浮雕、戏剧人物群雕等，展现了"大秦腔"的独有魅力。漫步园中，耳边同时传来乐班的鼓乐声和苍劲的唱腔，也是极好的旅行体验。

伴山书屋

风景中的书店

有些店特别奇妙，明明开在极好的位置，而且门头空间都不小，但就是给人一种"如果不耐心寻觅根本难以发现的隐藏店"的感觉。

例如，在大雁塔西苑的边缘，有个叫伴山书屋的地方，木质牌匾，风格朴素，正门对着车流繁忙的慈恩西路，本身却掩隐在绿树松柏间。

走进去，发现这里虽然名字叫书屋，但墙上又挂了许多国画。二楼是画廊，会不定期地举行一些小型展览。敞亮的大开间里放了许多原木色书架，架子上的书摆得并不满，也

不是什么书都有，而是以传统画册、20世纪六七十年代小人书的复刻版为主。这样一个像书店又像画廊的地方，也提供饮品和甜点，可以坐下休憩。整个环境很中式，单子上供应的多是各种花式苏打水和西式饮品，还有华丽的华夫饼和蛋挞，非常混搭。

实话讲，这里的室内布置风格大概不是人人都喜欢，它完全不像咖啡馆，而是很传统书生的风格，很多硬线条的书架，桌椅也是硬木的，木质很好，但线条板正，坐起来也有点硬。这样的室内环境，对看重设计感、喜欢 zukka 风或现代风格的人来说，大概称不上好。不过，倒是很"西安"，更像一间传统国风画廊。后来仔细打听了一下，原来它的定位是一家以传统书画为主题的艺术书店，不仅是售卖和展示，而且自己也出版与传统艺术相关的书籍、笔记本、连环画，是个充满文化气息的地方。

另一方面，它的位置确实得天独厚，紧傍大雁塔西苑园林的独幢仿古建筑，除了室内宽敞明亮，还有户外座位，在绿树掩映的小庭院间，最重要的是一抬头大雁塔就近在眼前。能有一席正对大雁塔的位置舒服地坐下来，不管喝点什么，感觉都会格外好吧。

唐大慈恩寺遗址公园

诗情画意的小公园

　　唐大慈恩寺遗址公园紧邻大慈恩寺，中间只隔了一条供行人穿行的步行道路。现在它已经没有围墙了，是开放式的公园，几乎是四通八达的，可以从各个方向进去。大门在正南，那里有一道长长的回廊，有写着"唐大慈恩寺遗址公园"的牌匾。回廊内外，都是特别高大的银杏树，夏天有青翠的浓荫，秋天就是漫天遍地的黄金叶。要知道银杏树长得极慢，十几年也才能长高一点点，如此高大的一片银杏树，实在太奢侈。

在我心里，还是会习惯性地把这个公园叫作"春晓园"。因为它以前的名字就叫"曲江春晓园"，是一座年代久远的公园了。那时候还没有大雁塔广场，这个公园还有围墙，收很便宜的门票。当年西安南郊一带（其实不止）的大学生们没课、中学生们逃课的时候，很多都会到这里来，放风筝、捉蝌蚪，或者什么也不干，三三两两坐在亭子里，打发在少年时看来永远用之不尽的时光。

后来大雁塔广场修建起来，春晓园也被封闭起来进行了一番改造，变成了唐大慈恩寺遗址公园。当然这也算是一种正名了，因为公园中确实有呈"田"字形整齐排列的4块一尺半见方的石块，那就是大慈恩寺当年的大殿遗址。遗址被简单地圈起，旁边又立了佛像。从佛像边上眺望大雁塔，又别有一番感觉。

这个园子虽然很小巧，却好像什么都有：亭台楼阁、潺潺流水、极小的石桥、草坪、回廊、花与树，一眼望去翠色欲滴。

春天，山樱花和红叶李树下花瓣如细雪飘落，玉兰的花很白，碧桃的花很红，真是春有百花。秋天最引人注目的是银杏叶，在地上、屋顶上散落一片，如黄金叶子一般。园中的柿子树上挂满沉甸甸的柿子，都便宜了附近的鸟儿。而冬天时即使不下雪，回廊一带铺满的雪白小石子也能抵雪景了。

更何况园中不仅有风花雪月，还有诗。

原来的春晓园，就是以王维的诗关联起来的，可谓是王维主题的园林了。扩建后，园中又多了一些诗柱路灯，就不只有王维的诗了。但我还是觉得这个园子与王维的诗最相宜。印象最深的，就是小河塘边有一小块"白石滩"，就是依着王维《白石滩》而造的景："清浅白石滩，绿蒲向堪把。家住水东西，浣纱明月下。"

都说王维的诗最有画意。春晓园就是一个极富诗情画意的小公园。

大雁塔南北广场

由北向南，膜拜千年大雁塔

在 2004 年 1 月 1 日之前的 1 300 多年里，大雁塔四周的土地，从唐时的皇家园林宫殿到 20 世纪 90 年代初的一片农田，经历了极其缓慢地变迁，当时还没有大雁塔北广场。

童年时去大雁塔游玩，必须要经过一条狭窄的向南正对着这座古塔的马路。马路两侧除了大片的苗圃，还有不少在附近口碑颇佳的饭馆，经营的也以地方小吃为主，如凉皮、肉夹馍、蒸饺等。那些饭馆的建筑都是有些年头的青砖黑瓦的关中宅子，屋内的布置和他们所卖吃食的味道一起深深地刻在我的童年记忆里。

到了 2000 年初，那条路和那些馆子按规划接受了拆迁和改造，于是就有了现在的大雁塔北广场。北广场建成开放之日盛况空前，那一天对整个曲江也有着巨大的标志性意义，周边的地价从那天起就翻了好几番。

在大雁塔北广场开放的前两三个月里，整个西安城的人差不多都来过了一遍，毕竟光是亚洲第一大的音乐喷泉，就足以对当时的西安人产生巨大的冲击力了。尤其逢年过节，或者家里来客人了，大家都愿意扶老携幼，一起在晚上专门到北广场看音乐喷泉，即使被 60 米高的喷泉造成的水雾淋到也很开心。

后来很快北广场就成了游客必去的"打卡"地，每到小长假，大雁塔四周都会停满大巴和外地车辆，北广场上也是人头攒动、摩肩接踵，想要找个靠前的位置看喷泉也并不是很容易。以至于在 2016 年，北广场南边位置最好的观景台设置了 300 余个收费的观景座位。

当然，从今天的角度看，音乐喷泉的吸引力已难比当年，但在北广场下车，然后沿着广场的九级踏步，由北往南逐步拾级而上，仍是膜拜大雁塔的最佳方式。而且除了喷泉，北广场上也有很多雕塑以及106米长的"大唐盛世"浮雕，将繁华的大唐胜景浓缩在其中。广场两侧的商业建筑斗拱宏大、一派唐风，遇到天气晴好，大雁塔倒影落入水中，烘托得更加庄严。

从北广场往南走，绕过大慈恩寺的外墙，就到了大雁塔南广场。因为挨着大慈恩寺的

回味古城的历史

景区入口,所以这里是大雁塔周边众多广场里最早落成的一个。南广场的中心是玄奘法师立姿雕像,我还记得 2000 年那会儿,玄奘雕像在安放于此之前,还用大卡车拉着,在西安城里巡游了好多圈。

南广场是周围百姓休闲放松的常去之处,白天这里总能见到很多放风筝的老人,晚上则是锣鼓队和广场舞的天下,特别有喜庆的气氛,如今也是游客眼中特别接地气的热闹一景了。

曲江的古与新

在西安，"曲江"是个奇妙的地理概念。若干年之前，这个词只代表史书中记载的、曾经很美好又消逝了的著名唐代园林，以及流传下来的"曲江流饮"的传说。然而，这个传说对应到现实中的位置却是大片的农田，散布其中的城中村，以及少数门可罗雀的景点。再后来，从2002年开始，那些农田和城中村，一步步变身为一系列向唐朝致敬的园林和街区。现在，曲江对于西安来说是一个"新区"，听起来特别古，看起来又特别新，这就是曲江的微妙之处。

西安，这座城

追寻曲江新区的岁月流光

看看地图,你会发现,很多景点都距离大雁塔极近,有的景点几乎和它是紧挨着的。

曲江一线的系列公园自成一体,值得花一些时间来赏玩。而且大雁塔周边和曲江这一带,最美的时间都集中在傍晚到夜间这一时段。比如大唐芙蓉园,就公认夜景最佳,且晚间会有表演。

另外,说到曲江,需要提一下大唐不夜城。大唐不夜城的概念其实有点模糊,它代表了一个大街区,北起玄奘广场(大雁塔南广场)、南至唐城墙遗址公园,包含了若干主题广场和仿唐街区。但人们最熟知的,还是起于玄奘广场的那条景观大道,中间是唐代主题的雕塑带,西安音乐厅、西安美术馆和陕西大剧院都在这条路上。走在这条路上,无论何时,抬头或回首,都能清清楚楚地望见大雁塔。

从这里再往东,公交车两三站路的距离,就是曲江池遗址公园,这里虽然恢复了隋唐时曲江池的景象,但曲江池岸边多得是地产楼盘,而不再有帝王的銮驾和诗人的"飞花令"。至于寒窑和秦二世陵,也是曲江传奇故事中的一部分。

看来看去,古老的遗迹、生机勃勃的绿地公园和洋气的高端楼盘交织在一起,曲江就是这么的奇妙混搭。

曲江池遗址公园

越夜越美丽

西安城历史悠久,关于它过往的很多历程和故事,我既无法参与,也无法见证,只有在历史书上研读的份。只有那些新诞生的事物,我才可以理直气壮地说,我是看着它从无到有建起来的。

比如曲江池就是如此,当然,我说的不是唐时的曲江池,而是2008年建成的曲江池遗址公园,也就是西安人口中的"南湖"。在曲江池遗址公园的修建过程中,因为公司离得近,所以我曾专门去拍过几次照片,以至于在开园时的摄影大赛中,我还拿了个二等奖。

"灞桥烟柳,曲江池馆,应待人来",曲江自古就是文人骚客的喜爱之地,《全唐诗》收录的500多位著名诗人中,竟有一多半曾在曲江留下足迹。曲江池兴于秦汉,盛于隋唐。唐代大规模营建曲江,曲江池成为水域千亩、名冠京华的游赏胜地。说起来,唐代长安城里的文化人更会玩,每当新科进士及第,总要在曲江赐宴。他们把酒杯放到盘子上,再把盘子放到曲江池水面上,盘随水转,漂到谁面前,谁就得执杯畅饮并当场作诗,被称为"曲江流饮"。

如今去曲江池遗址公园,再也见不到这么风雅的玩法了,就像去大雁塔也见不到"雁塔题名"了一样。不过现在的"南湖"能跟更多的西安人产生关系,湖边虽然没有了当年皇家的亭台宫殿,但多的是餐厅、健身房、酒店、购物中心和住宅区。

围绕着遗址公园和湖面,每天有数不清的人在这里玩耍嬉闹、放风筝、健身、跑步、遛弯或者用餐,这就是他们生活的一部分。更何况,免票的曲江池夜景非常漂亮,在西安应该说仅次于票价要高达几十块钱的大唐芙蓉园。

这里没有价值连城的文物,没有新奇的旅行体验,但是来湖边走一走,可以看到更休闲更日常的西安是什么样子的。建议等到傍晚时分再过来,可以在湖的东岸看夕阳西下,太阳落下去了泛舟湖上看两岸的夜景也是再舒坦不过的事情。或者租一辆自行车沿湖骑行,还可以从湖对岸高处滑缆绳来一个"平湖飞渡"。

西安，这座城

曲江秦二世陵遗址公园
史上最有名的"皇二代"败家子

就算上学时学的历史知识都早已忘得差不多了，但"指鹿为马"的故事基本上每个人都知道。故事的主角是秦二世胡亥，说起来他在正史上当然是不讨喜的人物，可以说是负面典型。在大秦帝国的宏图伟业之下，秦二世荒诞而短暂的一生就是尴尬存在。

像秦二世陵这样规格的冢在西安周边有很多，甚至有些根本没有被开发成景区。就像

　　东郊西安工业大学后面的韩森冢，体量比秦二世陵的冢要大出不少，多年来一直荒弃，春天和秋天总能看到很多人在那里放风筝。据最新研究，墓主是秦始皇的祖父也就是秦二世的曾祖父秦孝文王的可能性较大。

　　然而也许是因为秦二世对后人有更多的警示作用，所以得以成为景区，有专人打理和看护。我多年前曾经去过秦二世陵，那时的秦二世陵更像是一处杂草丛生的郊野荒坟，仅有几座简陋的房屋和一些残破的建筑模型相伴，极尽荒凉潦倒。

　　2010年之后再过来，这里已是西安曲江新区六大遗址公园之一，围绕着原有坟冢的变成了敞亮的园林和充满设计感的博物馆及雕塑群，与昔日已不可同日而语了。虽然曲江秦二世陵遗址公园就藏身于曲江池遗址公园最南端的阅江楼南侧，但相比逛曲江池和寒窑的人来说，这里简直人迹罕至。

　　步入山门前的台阶和走道上，镶嵌着秦以来的石刻纪年标识，包括自公元前206年起

到 1949 年中华人民共和国成立所历经的历史朝代，不由令人感叹历史岁月演变得如此天翻地覆。

人少也有好处，园区内没有喧嚣，非常干净，包含秦文化元素的建筑也完全和周围其他公园的唐文化建筑不一样。曲江秦二世陵遗址公园分为公园和博物馆两部分，外围的公园免费开放，博物馆票价 20 元。

博物馆的建筑采用半地下的形式，修了很多天井借景借光，也避免了传统展馆那种完全封闭的沉闷感。从秦国的起源讲起，秦国是如何从第一代走到了末代，都城是如何一路迁徙，最后选择了咸阳，都通过雕塑、陶器、青铜器、壁画和全息多媒体手段来详细展现，其中那些戈、箭等兵器展品依然宣示着秦人彪悍英武的战斗作风。如果刚好你对秦文化有特别的兴趣，那这里可以提供很好的参观体验，只是历史的脚步无法改变，秦二世还是无可挽回地"作死"了大秦帝国。

寒窑遗址公园

王宝钏苦守寒窑 18 年

说起寒窑，大多数人都会比较陌生，但王宝钏苦等薛平贵 18 年的故事，就发生在这里。这个故事相信很多人都知道，王宝钏最终与西征归来的薛平贵重新相聚。

虽然这个古代著名爱情传说讲的是唐朝末年的故事，但这个遗址是建于清朝后期的，民国时，杨虎城之母孙一莲曾捐资修葺。20 世纪 80 年代中期当地乡政府又出资修建后才正式向游人开放。

2001年我学摄影的时候曾专程去过一次,那时候曲江还没有正式开放,我骑着摩托车从大雁塔往西,经过秦王宫影视城再沿着乡道往南,穿过大片的麦田和村落,才辗转找到了寒窑的大门。

也许是因为在当年来说太过偏远,景区里游人极少,我就拿着相机在那条天然的黄土沟壑里边逛边拍。当年里面的景致确实平淡,主要是通过沟壑两边的土窑、沟内的贞烈殿以及一些雕塑来讲述王宝钏和薛平贵忠贞不渝的爱情故事。

传说唐朝末年长安城,时任宰相王允的三女儿王宝钏,在绣楼上抛绣球择婿,结果抛中了寒酸的薛平贵。王家人自然坚决反对,然而王宝钏不嫌贫爱富,坚决与父亲断绝了关系,只身出走嫁给薛平贵,到城南曲江池畔的寒窑居住。后来,薛平贵西征18年,王宝钏苦守寒窑,没有粮吃,就把附近田野地里的荠菜挖尽吃光,苦度日月。18年后,薛平贵战功赫赫归来,与王宝钏寒窑相会,秦腔名剧《五典坡》里唱诵千年的,就是这个故事。

后面的几年里,曲江迎来整体规划和改造,寒窑周边的麦田和村庄变成了碧波荡漾的

曲江池，寒窑也重新整修，以寒窑遗址和在此发生的爱情故事为线索，改建为中国第一个大型婚俗婚礼婚仪体验式主题公园。

我当年看到的那些窑洞和景致继续保留着，只是修复得更加漂亮，添设了很多水景和园林，不似当年全是裸露的黄土。而且还有现场的演员再现当年抛绣球和娶亲的场景，运气好的话你也能抢到绣球。我最喜欢的还有里面的妖马洞，相传是红鬃妖马栖身之处，原洞深 168 米，曲折狭窄，寒气逼人，在里面走起来很有地道战的感觉。

除了寒窑故事，这里也加入了其他有关爱情和婚礼的特色表演，中国传统爱情的含蓄表达和西方爱情里的张扬率真都有呈现，景区门口甚至还建了一座欧洲风情的建筑，主要为现在的新人提供欧式婚礼服务。

不过我还是觉得把寒窑的故事作为爱情或婚礼的样板有点违和，毕竟细想的话，恐怕没有哪个新娘愿意与爱人分隔天涯，还要苦等 18 年，把整个青春都熬没了。

西安，这座城

西安新艺术中心
唐城墙遗址里的新艺术

在西安，新锐和趣味往往都隐藏在平凡外表之下。一眼望去，街道上的店铺都很寻常，但时不时地，在某个街头或巷子里，你会忽然注意到一些一眼看过去猜不透是什么地方的所在，没有醒目的名字，没写清楚经营项目，甚至不肯好好挂一面招牌。它们的存在，更像一群志同道合者的暗号，发现它们，就成了一项隐藏的游戏。

比如说，西安新艺术中心。听起来其实很时尚的名字，也实实在在挂着大招牌，但你就算问本地人，可能也没几个说得清楚。原因么，可能是它的位置既特别又隐蔽，矛盾吗？

  这说起来有点复杂,首先,你要知道,曲江有个唐城墙遗址公园,建在唐代城墙原址上,是个绵长的绿化林带,宜散步、跑步、骑行。既然是唐城墙遗址公园,在某些路段就会有复建的城墙,而西安新艺术中心,就藏身于一段唐城墙遗址的建筑内。

  在神奇的曲江,古色古香的建筑很多,所以即使你看到了城墙侧面开着一扇大门,墨匾金字,门前有石兽列队迎人,天台有灯笼悬挂弄风……估计还是很难想到这里竟是一家艺术馆,而且是一家新锐的艺术馆。不是博物馆,不是传统画廊,门口的 NAC 三个字母,就是 New Art Center 的简写,想传递的还是"新"。在这特殊的 200 米长"T"字形结构的展厅里,时常会举办新鲜有趣的展览,既是艺术的,又有特别的切入点和表现手法,同时与人切身相关。

  这里还有最特别的"城墙影院",将观影人从拘束的座位中解放出来,大家窝在随意摆放的懒人沙发上观影,顺便多一个与陌生人沟通交流、释放压力的平台。展厅楼上还有一个名叫"贝塔"的咖啡厅,有很多在外面看不到的艺术类藏书。即使万般不巧,你来这里时竟然没有赶上任何展览——对,就像我这次一样,那么至少可以上二楼,在贝塔点杯咖啡,拿本厚书静静地看一会儿。咖啡厅内部是干净的纯木质,有一整面黑板墙可以用来涂鸦。据说有一只名叫"十亿"的猫每天会来陪大家思考人生,但我来的时候,它一定是"翘班"了,只看到在角落里给它供着的猫粮、清水,却不曾看到猫的踪影。

  更棒的是,推开门出去,就可以坐在城墙上喝咖啡啦,要不是太晒,真得坐下环视一下大唐不夜城。傍晚的时候,坐在城墙上喝咖啡,感觉一定特别好。

袁家村关中印象体验地

关中乡里农家小吃

真实版的袁家村在距西安1小时车程的礼泉县烟霞镇北面的九嵕山下,是西安人周末时最爱自驾前去的地方之一。那里有传统的关中村落,数不尽的关中特色小吃和传统手艺体验,逛逛吃吃最放松,节假日用人山人海来形容都不为过。对于来西安的旅人,除非时间特别宽裕,否则很难花1天时间跑趟袁家村,但好在袁家村真的很会做生意,把他们最精华的小吃搬到了西安,所以,只要去曲江银泰城的三楼,就能尝到正宗的袁家村小吃了。

开在商场中的袁家村关中印象体验地，看上去形制与小吃城挺像，都是若干个独立小炉灶，先在服务台办卡，然后想吃什么直接刷卡消费。不过，这里与一般的小吃城最大的区别，就两个词：地道、质朴。

首先地方挺大，除了不是露天，灶台和桌椅的摆放方式还真有点农家院的感觉。边上都是各种小吃现做的灶房，砖砌的炉灶、大大的黑色铁锅、木头锅盖，就像乡村里的土灶，只是更洁净，看上哪个就现买现做。

全部食材都是袁家村统一供应的，在体验地的一角，能看见满满堆着的面粉、农家细挂面、一桶桶油，甚至一筐筐苹果，莫名地充满丰收的喜悦。

每个灶台前操作过程也全透明，非常干净。这里有近30种原汁原味的关中乡间美食：粉汤羊血、驴蹄子面、饸饹、臊子面、锅贴、菜疙瘩、炸油糕、猪蹄、蜂蜜粽子、豆腐脑、搅团、煎饼卷菜、蒸碗……

每次去袁家村吃小吃总会经历小型的选择困难现场，这个也想吃，那个也想尝，但胃容量就这么点。我每次到最后都忍不住会选的大概就是凉醪糟（也有热的，但凉的过瘾）、乾县豆腐脑（豆香很浓，嫩滑顺口，浇上红红的油泼辣子，吃得停不下来）、炸油糕（极酥的酥皮，咬一口烫烫的糖汁就流出来，实在太诱人）、捞凉粉（白色半透明的凉粉，刮成细缕，这种凉粉小时候公园门口总有卖，每次看见就走不动了）。

西安，这座城

陕拾叁冰饼糖

如果唐朝人吃冰激凌……

陕拾叁是西安相当有口碑的本地冰店，分店不少。人气最高的应该是回坊店，但为什么我要把它放在曲江线上来介绍呢？一是在逛回坊时美食选项太多怕你忙不过来，再一个，以回坊的人流量，怕要排队排到哭，而曲江店就不一样啦，位置就在威斯汀酒店的一楼，人也没有那么多，店面虽然不算大，但环境很舒适。在中药柜式的柜台前克服选择困难从十几种口味中选好想要的，再坐上他家的招牌小鱼木凳，慢慢品，好好歇，再发会儿呆都没问题。

这家店之所以叫"陕拾叁",取的就是西安为十三朝都城之意。他家的冰激凌又被称作"西安版哈根达斯"——要我说,这个叫法实在是太没想象力了。哈根达斯的优点,无非是"有名＋贵",除此之外也就是中规中矩的冰激凌。但陕拾叁的冰激凌就不一样了。这里的冰激凌其实叫"冰酪",这名字一叫,古意一下就有了。而且这名字也不只是玩文字游戏而已,陕拾叁的冰酪从取材到设计,真的是传统又颠覆。

说传统,因为这里的冰酪原材料大多取材于本地特色食材,看名字就是传统中国味;说颠覆,则是这些口味跳脱了普通冰激凌店会有的奶油、香草、巧克力、水果之类,完全打开了新世界的大门。

先说正常一点的,例如店里的招牌口味传统醪糟、中华豆腐、土贡梅煎(最古老的酸梅汤)……这些还都好理解。当然也少不了本省特产的鲜果和干果,例如户太八号(本地葡萄品种,特别甜)、大荔西瓜、黄龙薄皮核桃、汉中红衣花生、佳县有机红枣……是不是已经挺有趣了?接下来的一些口味就有点五味杂陈了:五仁油茶味、酱油味、黑米醋味……这小清新共黑暗料理齐飞的感觉会是怎样的?

另外值得一说的是,这里的冰酪全部是低脂肪的,有的还是零脂肪。口感上与其说是冰激凌,倒更接近雪葩。下嘴尝过,你会发现他家的冰酪与一般冰激凌比起来,甜度甚低,所以,你第一口尝到的,一定就是食材的原本味道。如果唐朝人吃冰激凌,可能也是这么有古意又脑洞大开吧?

大唐芙蓉园

梦回唐朝

当年大唐芙蓉园开园的时候,天天打着一条很吸引人的广告语:"国人震撼,世界惊奇!"就当年开园时通过气势十足的仿唐建筑、绝美的夜景以及全球最大的水幕电影给游客造成的视觉冲击力而言,世界惊没惊奇不知道,但国人震撼确实算是做到了。

也有不少游客抱怨大唐芙蓉园只是按原来的史料和传说重新建造的宫殿和园林,而唐时的芙蓉园遗址早已不存。即使有建筑大师做了大量研究来复原唐式建筑,但肯定还是会有现代人的想象和趣味存在。

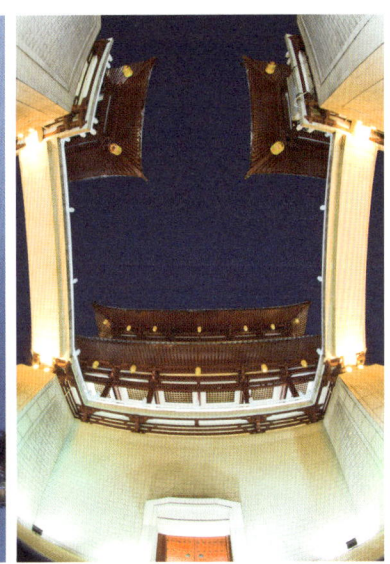

　　话是没错,但对于并未保留下来的历史遗迹来说,这都是难逃的宿命。所以,其实西安人对此想得倒不多,就把它当作一个盛唐主题的新园子,有山有水有花有鸟,可以泛舟可以看表演,晚上还有焰火和水幕电影。唯一的缺点就是门票不便宜。

　　其实大唐芙蓉园不是博物馆,也不是遗址公园,景区的定位本来就是唐文化主题公园。什么意思呢?就是通过建筑、园林、表演、歌舞等细节来展示具象的唐朝文化。就像去迪士尼和环球影城,那些城堡也是复建的,那米老鼠也是真人扮演的。

　　大唐芙蓉园是我国规模最大的仿唐建筑群,集中了唐朝时期的所有建筑形式,简直就是一本完整的唐代建筑教科书。每个建筑和各个景观都有着迷人的典故传说。漫步其间,高大的古典建筑与粼粼波光让人目不暇接,似乎从踏入大门的那一刻,便已扭转时空,梦回唐朝。

　　在园区里留心观察,你就可以看到各种不同的表现形式在自然地展示盛唐文化,比如,规模盛大的大唐仪仗队、杏园探花、雁塔题名、曲江流饮等主题表演。那些皇帝、妃子、文官、将军、侍女……都是来自陕西歌舞剧院的专业演员。

　　园子里最美的时刻是等天色暗下来,各种景观灯点亮起来,耳边传来丝竹之乐,夜景美不胜收,盛唐气象莫过如此。仿佛真的带我们回到了那个光彩熠熠的盛唐。

　　最受欢迎的表演当然是水幕电影,天快黑的时候就可以朝紫云楼走了,去晚了就没有合适的观看位置了。凤鸣九天剧院的歌舞剧《梦回大唐》也拥有相当好的口碑,票价比华清池的《长恨歌》还要划算一些。

　　当你在夜幕下走出大唐芙蓉园的大门,可以回想一下,自己对唐朝及唐朝文化的认识和了解是不是更丰富立体了?如果有,那么大唐芙蓉园就是成功的。

兵马俑、半坡
遥远的呼唤

西安的东郊集中了军工厂、纺织厂、印染厂等大型的"厂区",所以在20世纪90年代之前,这片区域的西安人是其他区域的西安人羡慕的对象,因为在这里工作生活,意味着有稳定的收入和高福利的待遇。

西安,这座城

遥远的记忆与现代艺术生活

西安的东郊集中了军工厂、纺织厂、印染厂等大型的厂区,所以在20世纪90年代之前,这片区域的西安人是其他区域的西安人羡慕的对象,因为在这里工作生活,意味着有稳定的收入和高福利的待遇。

随着经济转型,这里的脚步显得有些慢下来了,街区的面貌、商业气氛甚至居民的想法似乎还停留在之前的那个时代。不光是这些厂区的效益大不如前,甚至连西安旅游早年间曾和兵马俑齐名的金字招牌——半坡博物馆,竟也不可思议地逐渐退出了大众旅行者的视野。相比西安城飞速发展的其他区域,东郊在最近的20多年里,几乎成了"锈带"。

在转型中,纺织城并没有死去,一批西安本土的艺术家,发现了纺织城废弃厂区中隐藏的价值。他们开始在这里租用旧厂房,通过他们富有想象力的设计和改造,创造出来了一个纺织城艺术区,可以理解为西安版的798。再到后来商业资本的加入,诞生了现在的半坡国际艺术区,把西安最时尚最文艺的切片留在了东郊。

作为传统旅游景点的兵马俑仍然具备不可替代的吸引力,实景歌舞剧《长恨歌》重新唤醒了华清宫,半坡博物馆也在逐步改造升级中,至于去不去或去哪几个点,决定权在你手中。

西安,这座城

秦始皇兵马俑博物馆
与千军万马隔空对话

我们选餐厅,通常喜欢选人多需要排队的,因为这说明口碑好,味道有保障;但是选旅行目的地的时候,我们又喜欢选人少的,因为体验会更好,不用人挤人。

看起来很有道理,但仔细想想似乎又有些矛盾,不是吗?有些景点就是神一样的存在,游客永远没有少的时候,虽然的确人挤人,但还是会觉得值。故宫博物院是这样,秦始皇兵马俑博物馆也是如此。

秦始皇兵马俑博物馆我前前后后去过七八次了，前几次去还在上小学、中学，看得懵懵懂懂也在所难免。后面几次都是上大学之后的事了，中间分别间隔了几年，但每次去还是会感受到不一样的震撼。所以千万不要觉得那么多游客都是冲着名气来或者是"集体无意识"行为，秦始皇兵马俑博物馆从1979年10月正式开馆至今已接待200多位外国元首，他们可不是随便盲从。

规模宏大的兵马俑包括3个俑坑。1号坑规模最大，兵马俑有6 000余件；2号坑大小只有1号坑的一半；而3号坑有500余平方米，内有武士俑68个。这几座从葬坑象征着秦始皇生前的宿卫军守卫着陵园，而3座坑是按兵法布阵的，其中3号坑是总指挥部统率三军。

站在博物馆里面，我用意念屏蔽掉身边的喧嚣，盯着看面前"千人千面"的兵马俑，真的会产生一种穿越感，仿佛回到了秦始皇时代，真切地感受到那种横扫六合的气势。虽然人多难免会让人焦躁，但面对这样的神迹，一定要记得看仔细点，除了没有一张脸是相同的，有的俑连发丝都清晰可辨。

值得多花点时间排队看的还有铜车马,每辆车的残片多达3 000余片,经过8年才完成修复。修复后总重1 061公斤,配有1 000多件金银饰。至今铜车马上的各种装置仍转动灵活,门、窗开闭自如,牵动辕衡仍能行驶。

其实我们现在看到的效果已经打了不少折扣,兵马俑在刚刚挖掘出来时,还保持着当年的色彩,但接触空气仅仅几分钟的氧化后,丰富的色彩便化为乌有,成了我们如今看到的灰扑扑的模样。我在博物馆里还看到了不少考古专家在对挖掘出的兵马俑进行修复和拼接,这么多年过去了,兵马俑还一直在持续地发掘中,不时会有新的考古发现面世。

如果还是忧心人多的问题,建议可以早点动身去,或者临近下午闭馆时间前两个小时去。而且就算去的是游人最多的时段,入馆后也可以先挑游人少的地方参观,或者在360°环幕电影院了解一下兵马俑的历史背景,然后再蹭个团听讲解,收获会更多。

华清宫景区
帝王的风花雪月

因为李隆基和杨玉环的故事,因为白居易的《长恨歌》,华清池带给了人们太多的想象。无论你是浪漫派还是写实派,都能发掘出无尽的故事。这里作为古代帝王的行宫别苑已有 3 000 多年的历史,西周的周幽王(没错,就是烽火戏诸侯的那位)曾在此修建骊宫,秦始皇曾在此洗浴疗疾,汉武帝曾在此设立离宫,到了唐玄宗时又大兴土木,治汤井为池,环山列宫殿,因宫在温泉上,故称华清池。

和这里的山山水水有过瓜葛的帝王远不止一人,但却只有唐玄宗李隆基的名字长久地和华清池扭结在了一起,不断被后人提及。要说到原因,大多数人都知道是因为他和杨玉

环发生在这里的爱情故事。唐玄宗不单单是以皇帝的身份来爱妃子，还是以音乐家的身份爱上了舞蹈家，音乐家和舞蹈家是平等的，没有皇帝和妃子地位上的差别。

几乎每年唐玄宗都带杨贵妃到华清池过冬沐浴，10月到此，第二年春天才返回。华清宫内的"莲花汤"池形如石莲花，供皇帝沐浴；"海棠汤"池形如海棠，供贵妃专享；"尚食汤"是供大臣们沐浴之处；"星辰汤"传说原址上面及四周无遮物，沐浴可见天上星辰……想想都很香艳的画面。

唐御汤遗址博物馆东面，是一座颇具江南园林特色的雅致小院——环园。1900年慈禧太后和光绪皇帝西逃西安，曾在此居住。越过荷花池往后走，就是在近代史上著名的五间厅了，震惊中外的"西安事变"发生时蒋介石就在此居住。五间厅的玻璃窗、墙壁上，还保留有当年兵谏发生激战时留下的累累弹痕。

从五间厅继续沿石阶向上攀登，就是兵谏亭了。当时酣睡中的蒋介石听闻枪响，于是从五间厅后窗逃跑，在这个位置被搜山部队发现抓获。继续往上爬，经过晚照亭、长生殿、老母宫，半个多小时就能爬到最高处的烽火台。周幽王为博取爱妃褒姒一笑，无比"作死"地在这里点烽火戏弄诸侯，后面的事大家都知道了，江山没了美人也没了，还因此丢了命。

如果日程不紧张的话，大可以在华清宫停留到晚上，因为等到傍晚，口碑极好的山水历史舞剧《长恨歌》就在华清宫上演，以骊山为背景，九龙湖为舞台，用实景歌舞剧的方式讲述那段荡气回肠、动人心魄的爱情绝响！

兵马俑、半坡遥远的呼唤

西安半坡博物馆
从门庭若市到门可罗雀

在我小时候的印象里，半坡几乎是与兵马俑一个级别的博物馆。能有这个印象，一方面是两个博物馆在建筑和展出形态上颇为相似；另一方面就是人气都特别旺，当然这点仅限于 20 世纪 90 年代之前。

要说"出身"，这座 1958 年建成并正式对外开放的遗址博物馆足够显赫，是国家一级博物馆，我国第一座史前遗址博物馆，还是当时世界上面积最大的遗址博物馆。遗址本

215

体上修建保护大厅,把博物馆与遗址环境融为一体,在当时的世界上绝无仅有。

要说展出的内容,在人类几百万年的历史征程中,有一个极其重要的时代——新石器时代,半坡遗址就是这个时代的一个典型,展示了距今大约6 000多年前的新石器时代仰韶文化母系氏族聚落的社会组织、生产生活、经济形态、风俗习惯、文化艺术等丰富的内容,是我国珍贵的文化遗产。

这样一座含着"金汤勺"出生的博物馆,当然吸引了无数中外游客的关注。在1958年的一份考古简讯中,半坡博物馆的工作人员写道:"自4月1日开馆以来,每天观众人次,平均在1 000以上。星期天人特别多,观众将近4 000人。"西安的传统跟团东线一日游,往往第一站就是半坡,而且这里也是国外游客特别爱来参观的景点。

我之前关于这座博物馆的美好记忆还停留在小学二、三年级,虽然后来旅游市场越来越火,反而越来越难听到有关半坡博物馆的消息,似乎是被时代彻底遗忘了一般。所以最

近，确切地说是上个月，我又专门去了趟半坡。然而让我大出所料的是，如今这里竟然门前冷落车马稀到了惊人的地步。

在我参观的一个多小时中，偌大的遗址大厅里我只遇到了3个游客，展馆里的工作人员都比这个数字多。户外的体验区因为在整修，所以都没有开放。但即便如此，毕竟考古学家在这里挖掘出大量珍贵的石器、陶器、房屋遗迹与墓葬，尤其里面的人面鱼纹彩陶盆属于国宝级别，充满生气的图案古拙、简洁而又奇幻绝伦，人面和鱼纹结合得巧妙无比，鱼头仅是寥寥数笔，却把鱼的形神勾勒得精细入微。

所以我实在是有点想不明白，遗址还是那个了不得的遗址，展品还是那些无比珍贵的展品，如果说地段在早年间还显得略微偏远，而如今城市早已扩张，博物馆紧挨着三环，地铁站也开到半坡了，为什么反而游客寥寥，从当年的门庭若市到如今的门可罗雀……

半坡国际艺术区

老厂房的新生

半坡国际艺术区的前身是由苏联援建的西北地区最大的纺织工业基地，艺术区的建筑主体本身就是于1961年建成的西北第一印染厂旧址。50多年前，在这片土地上曾诞生出工业文明的辉煌传奇，整片纺织城也曾是西安最繁华的区域之一，当年甚至被叫作"小香港"。但是，后来和其他很多老国企厂区一样，效益逐渐下滑，并随着时代迎来了下岗潮，上万平方米保留了苏联建筑风格的厂区被闲置。

  由于这一片厂区遗存着历史的独特符号，而且又远离喧嚣闹市，从 2006 年左右开始，一批艺术家、文化工作者与机构自发性地进驻这里，租用废弃的厂房车间，重新布置装修，开设个人工作室，形成了小规模的艺术聚落，而那时的北京 798 已经成为时尚旅游景点。

  2007 年我专门去过一趟这个那时还被叫作"纺织城艺术区"的地方，当年园区里也没有什么商业配套，不少工作室也大门紧闭，显然主人并不是经常待在那边，少数开门的工作室很明显也是艺术家自己创作和会友的私密空间，外来的游客还是会产生一种闯入的唐突感。

  2013 年园区改造时，如今再去逛的话，除了艺术家的工作室，还有各式 LOFT 风格的摄影、陶艺、设计艺术机构，酒店、咖啡馆、酒吧、餐厅等商业空间也藏在这些暗调的建筑背后。

  这里 20 世纪七八十年代的旧工厂气息犹在，废弃的铁轨和火车头、墙上的标语和涂鸦、犄角旮旯里的雕塑、设计感十足的内部空间……只为了拍照也值得花上半天时间溜达溜达。何况各种充满艺术气息的大小空间，总能找到你喜欢的物件，价格相对来说都不便宜，毕竟不是量产的工业品，而是原创的设计或是艺术家的限量手工制品。

  就算什么都不买，在里面找个舒服别致又有不同艺术主题的空间太容易了，坐下喝杯咖啡或者品一壶上好的茶，也是市区其他地方难以找到的文艺范儿体验。

自在茶事
私享禅意空间

这家店绝对算是意外收获，因为他们家的门头太低调了，原本以为是家创意产品杂货铺，等真正走进去了才发现内有乾坤——还连着另外一个禅意十足的院子。其实这个院子也有个日式风格的大门面对着外面，上面写着小小的4个字——自在空间，然而这个门平时不开，还是要从旁边的小门进入。

　　老板是一对夫妇，都是家居设计师，难怪这里的空间装修细节非常讲究。庭院绿意盎然，白墙边种满竹子，正中是一个种满睡莲的池塘，禅意十足。里面分布着几间日式的茶室，不过来这里需要预约，因为主人需要留出适合的空间。

　　虽然我是临时到访，但还是可以逛逛北侧的这栋小楼，一楼是商店，摆放的都是源自日本的花器、茶器、酒具和其他手工制作的饰品；二楼是家具展厅，主人用收来的老木头重新设计制作成原创家具，有着自然质朴的森林气息；三楼则是西式阳光花房，鲜花绿植的摆放显然用心设计过，可以在这儿很舒服地喝下午茶。

　　主人今天没在店里，但带着我上楼下楼的小姑娘也很善于聊天。听她说，原本这里是两间青砖结构的苏式老仓库，前院是一片废墟，后院是纺织厂废弃的老铁路。然后这对设计师夫妇用 5 年的时间，既当设计师，又当项目经理、装修工人以及园艺师……最终改造成现在我看到的模样，保持了前院作为景观庭院，一面白墙和邻街悄然分隔，4 个独立小建筑体成围合状，让阳光、空气、绿植、流水成为空间的灵魂。

　　设计与生活是什么样的关系？到底什么样的设计才是我们真正需要的？艺术区如何和普通人产生关联？这些问题都没有标准的答案，但我在这里看到了一个不错的解答。

西安，这座城

核桃树餐厅
老厂房里的新味道

除了咖啡馆，半坡国际艺术区里的餐厅也有几家，中餐、西餐都有，但选餐厅很多时候要看眼缘，我挨家转了一圈，最中意的还是园区最深处的核桃树餐厅。

餐厅外有一个枝叶繁茂的院落，院子里支着烧烤架，还没有走近就能闻到诱人的香味，餐厅的门脸也布置得格外符合半坡国际艺术区的基调——硬朗、粗粝的工业感。走进去找张桌子坐下来，四周打量一圈，可以看出这里也是由一处厂房改造而成，低调得就像它的建筑形态一样，虽然有着原始的工业感，但在粗粝中隐藏了设计师很多的心思。

  餐厅结合了工业旧厂房的沧桑感和现代艺术的时尚感，背景墙带着20世纪七八十年代的色彩与视觉元素，年代感十足。服务员递来菜单，看了一遍那些有意思的菜名，显然这家餐厅主要提供粤菜和改良的陕菜。我按着服务员的推荐点了几道菜，隔壁好几桌都点了啤酒，看着很是诱人，可惜这次是开车过来的，只好放弃。

  上菜速度不是很快，不过我刚好可以去外面的院子里和与餐厅相连的春秋舍设计师酒店大堂溜达一圈，然后拍几张照片。之前进来的时候没注意，原来院子里真的有一棵硕大的核桃树，餐厅的名字大概就是因此而来的。庭院里的花草也是一派繁盛的模样，如果人多的话，坐在外面的庭院里，吃着烧烤喝着啤酒，氛围一定会更好。

  酒店大堂里摆放了好几台哈雷摩托，墙面保留了原有建筑的混凝土和砖头的质感，不掩饰建筑的自身历史痕迹，也不刻意盲目追求LOFT风格，没有精致华丽的装饰，却又处处透着细致，黑色的铁艺旋转楼梯特别有范儿。

  等我洗完手回到餐桌，菜也上齐了，麻婆豆腐和龙利鱼组合在一起口感和谐也特别下饭、脆皮鸡的皮油滋滋但却不腻、"猫猫爱吃的柠檬鱼"清爽可口、烤茄子不像通常的烧烤店那么重口味……这样的摆盘与口味，更配得上出现在这样艺术范儿的店里，也让一顿饭的时间，吃得更从容淡定，比往日更悠长一些。

本图书由北京出版集团有限责任公司依据与京版梅尔杜蒙（北京）文化传媒有限公司协议授权出版。

This book is published by Beijing Publishing Group Co. Ltd. (BPG) under the arrangement with BPG MAIRDUMONT Media Ltd. (BPG MD).

京版梅尔杜蒙（北京）文化传媒有限公司是由中方出版单位北京出版集团有限责任公司与德方出版单位梅尔杜蒙国际控股有限公司共同设立的中外合资公司。公司致力于成为最好的旅游内容提供者，在中国市场开展了图书出版、数字信息服务和线下服务三大业务。

BPG MD is a joint venture established by Chinese publisher BPG and German publisher MAIRDUMONT GmbH & Co. KG. The company aims to be the best travel content provider in China and creates book publications, digital information and offline services for the Chinese market.

北京出版集团有限责任公司是北京市属最大的综合性出版机构，前身为1948年成立的北平大众书店。经过数十年的发展，北京出版集团现已发展成为拥有多家专业出版社、杂志社和十余家子公司的大型国有文化企业。

Beijing Publishing Group Co. Ltd. is the largest municipal publishing house in Beijing, established in 1948, formerly known as Beijing Public Bookstore. After decades of development, BPG now owns a number of book and magazine publishing houses and holds more than 10 subsidiaries of state-owned cultural enterprises.

德国梅尔杜蒙国际控股有限公司成立于1948年，致力于旅游信息服务业。这一家族式出版企业始终坚持关注新世界及文化的发现和探索。作为欧洲旅游信息服务的市场领导者，梅尔杜蒙公司提供丰富的旅游指南、地图、旅游门户网站、App应用程序以及其他相关旅游服务；拥有Marco Polo、DUMONT、Baedeker等诸多市场领先的旅游信息品牌。

MAIRDUMONT GmbH & Co. KG was founded in 1948 in Germany with the passion for travelling. Discovering the world and exploring new countries and cultures has since been the focus of the still family owned publishing group. As the market leader in Europe for travel information it offers a large portfolio of travel guides, maps, travel and mobility portals, Apps as well as other touristic services. Its market leading travel information brands include Marco Polo, DUMONT, and Baedeker.

DUMONT 是德国科隆梅尔杜蒙国际控股有限公司所有的注册商标。
DUMONT is the registered trademark of Mediengruppe DuMont Schauberg, Cologne, Germany.

杜蒙·阅途 是京版梅尔杜蒙（北京）文化传媒有限公司所有的注册商标。
杜蒙·阅途 is the registered trademark of BPG MAIRDUMONT Media Ltd. (Beijing).